NATIONAL
GEOGRAPHIC

NATIONAL GEOGRAPHIC

美国国家地理全球史

希腊的起源

The Origins of Greece

美国国家地理学会 编著　　潘垣铮 译

中国出版集团　现代出版社

目录

插图（第2页） 狮首来通杯，迈锡尼，公元前16世纪（现藏于雅典国家考古博物馆）。

插图（第4—5页） 海豚壁画，克诺索斯王宫正厅，公元前15世纪（局部）。

插图（左侧） 科拉雕像，约公元前535年（现藏于雅典卫城博物馆）。

概 述

在很长一段时间里，历史学家认为希腊的历史始于公元前 776 年，即希腊人认为的首届奥林匹克运动会举办之年。英国历史学家乔治·格罗特（George Grote）在其鸿篇巨制《希腊史》（1846 年—1856 年）中正是以这一年份作为起始。于是，希腊人仿佛是突然之间冒了出来，就像雅典娜全副武装从宙斯的头颅中横空出世。直到 19 世纪末，海因里希·施里曼（Heinrich Schliemann）在迈锡尼出土了一个近千年前的文明遗迹，这段文明不仅分布在希腊，还延伸到地中海地区和小亚细亚平原。几年后，阿瑟·埃文斯（Arthur Evans）在克里特岛发现了一个更早期的文明，这段文明影响了迈锡尼的希腊人，是迄今为止最古老的西方文化之源。

克里特文明和迈锡尼文明先后神秘消亡。直到 4 个世纪后，希腊人才重新出现。我们今天知道，在所谓的黑暗世纪的这层沉默的面纱下，希腊人民的心脏从未停止过跳动：一个新的文明正在孕育之中。因此，在公元前 3 世纪至公元前 6 世纪——也就是说在古风时期——希腊历史开始了新篇章的书写。在此期间，一种新的社区——希腊城邦的基础逐渐建立起来。从类似于荷马英雄的贵族政体，到既是独裁者又是施恩者的僭主政体，多种权力形式相继出现。雅典和斯巴达为他们未来的伟大积蓄着能量。

这一时期不仅仅是即将到来的时代的前奏：古风时期的希腊发明了许多如今可将其起源追溯至希腊的东西。在这几个世纪中，希腊人采用并完善了一直流传至今的腓尼基字母。通过建立殖民地，希腊人将他们的文明扩展到了世界尽头。他们创造了最多样的宗教、文化和体育运动。如此之多的元素无不展示着古风时期希腊人的发展程度。这可能不是一个完美的时代，但这是一个辉煌的时代。本书将讲述这段故事。

插图（第8—9页） 阿索斯（土耳其）的雅典娜神庙遗址，阿索斯是一座建于公元前7世纪的古希腊城邦。

插图（左侧） 公元前7世纪的双耳瓶局部，上饰有赫拉克勒斯杀死半人马涅索斯的雕像（现藏于雅典国家考古博物馆）。

蓝衣女子

位于克诺索斯宫东翼的女王宫殿正厅的米诺斯壁画局部。

插图（右侧） 传说中的迈锡尼国王阿伽门农的面具（现藏于雅典国家考古博物馆）。

克里特文明与迈锡尼文明

在青铜时代，两种植根于欧洲文化的文明在爱琴海东部地区蓬勃发展。克里特文明统治着地中海，在那里传播了近东地区诸文明的技术、商业和文化知识。其后，迈锡尼文明继承和发展了克里特文明，与赫梯帝国和古埃及同辉。

克里特岛位于东地中海中心，是一个真正的地理和文化的十字路口，凭借其优越的地理位置迅速与埃及以及西亚大国建立了联系。根据克里特岛的创始神话，传说中的米诺斯国王是腓尼基公主欧罗巴之子，这绝非巧合。欧罗巴宫殿在迅猛发展的外部环境中建立起来，就像克诺索斯和费斯托斯的宫殿一样，自公元前2000年起就成为商业帝国的神经中枢。克里特岛的统治范围延伸到爱琴海诸岛直至希腊大陆，希腊大陆的人民自此开始了他们的故事。

被克里特人征服的青铜时代的希腊人，其主要堡垒位于迈锡尼，沿用了米诺斯统治时期的风格、文化和模式（其中文字的使用发挥了重要作用）。从公元前1450年开始，迈锡尼军阀控制了米诺斯的权力中心，从而控制了整个地中海。希腊大陆的王国主宰了海上航线，被赫梯帝国的国王承认为外国势力。

这些关系可能引发了一场对抗，这场对抗成为特洛伊战争的故事灵感。特洛伊城处于历史与神话的边缘，引发了各种考古研究。特洛伊的陷落仍然是一个谜，其与迈锡尼王国和青铜时代其他爱琴海文明不约而同地沦陷了。

克里特岛：神话与历史之间

公元前5世纪，修昔底德揭开了伯罗奔尼撒战争（公元前431年—公元前404年）的起因，从而奠定了现代史学的基础。谈到希腊更古老的过去，他只能用这样的话来表达自己："由于时间久远，我们很难完全明确地知晓。"（《伯罗奔尼撒战争史》，第一卷，第一章）

希腊人实际上对他们自己的过去了解多少呢？他们对他们的"古代事物"（arkhaia）的了解完全基于几个世纪以来代代相传的神话（mythoi）。正是神话塑造了希腊人民的历史意识。

因此，一贯对神话故事持批判态度的修昔底德本人在他的《伯罗奔尼撒战争史》的第一卷中引用这些故事来讲述希腊的早期历史也就不足为奇了。修昔底德深知爱琴海是希腊世界的重心，希腊的历史就是围绕爱琴海建立的，于是他毫不犹豫地溯及被遗忘的时代，回到神话的范畴。

在这些传说中，一个独特的人物清晰地脱颖而出："事实上，米诺斯是传统上已知的最古老的人物。他拥有一支舰队，并在很大程度上夺取了今天希腊人对海洋的掌控；他确立了对基克拉泽斯群岛的统治，并在那里建立了最早的殖民地；他驱逐了卡里亚人之后，封自己的儿子们为这些岛屿上的总督。紧接着，他励精图治，竭尽所能清理了海盗横行的海洋，更好地保障其税收。"（《伯罗奔尼撒战争史》，第一卷，第四章）

在这段文字中，修昔底德显然指的是传说中的克里特之王米诺斯。根据传说，米诺斯是一位正义的君主和英明的立法者。他成功地加强了海上贸易，建立了殖民地并确保了海洋的安全。这些功绩使他在死后成为冥界三法官之一。

尽管如此，他那个时代的任何一个希腊人都无权忽视另一个神话传统，这使他处于更黑暗的境地。根据这则传说，米诺斯建造了一座巨大的迷宫来包围牛头怪弥诺陶洛斯。这个人身牛头的怪物是克里特王后帕西法厄与一头漂亮的白公牛产生了反常的爱情而生出来的，缘由是国王米诺斯拒绝将其献祭给海神波塞冬。在迷宫深处，怪物经常吞食由君王进贡的童男童女。

至少在希腊化时代之前，神话和历史现实之间的界限仍然非常模糊。由于缺乏确证历史事实的寓言文献资料，随着时间的推移，这些献给历史名城和英雄国王的故事（如米诺斯的克诺索斯、阿伽门农的迈锡尼或老国王普里阿摩斯的特洛伊）最终仍笼罩在传说的迷雾之中。

然而，19 世纪 70 年代德国著名考古学家海因里希・施里曼在特洛伊和迈锡尼的发现改变了人们一直以来对希腊神话的看法：如果考古发现不能代替古代历史，至少带来了更好地解释它的钥匙。

辉煌的文化

1900 年，英国考古学家阿瑟・埃文斯爵士将铁锹挖进了他在克里特岛北部海岸上的土地，克诺索斯废墟就这样重见天日。这些发掘将揭示出一个文明的遗迹——第一个严格意义上的欧洲文明——它一直被埋在岛上的土地下 3000 多年。联想到希腊人神话般的过去，埃文斯将这段文明命名为米诺斯，以纪念米诺斯国王，根据神话和古希腊历史学家的说法，米诺斯国王是第一个建立统治范围遍及海洋的帝国之人。

这种海上霸权在公元前 2000 年中期成就了克里特岛，使其成为青铜时代东地中海的重要一角。除了在埃文斯发现的这片遗址上，没有其他地方的神话与现实如此紧密地交织在一起。

古克里特岛：米诺斯文明

约公元前1900年

形成 克里特岛米诺斯文化的起源与“旧宫殿”的建造。

约公元前1800年

书写的发展 线形文字A是宫廷管理的基本工具。

约公元前1700年

“旧宫殿”的损毁 一场猛烈的自然灾害摧毁了克里特岛。来自印欧的移民抵达该岛。

公元前1700年—公元前1450年

“新宫殿”的建造 克诺索斯和克里特岛在地中海上的贸易和霸权崛起。

公元前1450年—公元前1350年

新的自然灾害 在这场灾难之后，克里特岛的宫殿再次损毁，落入了新领主迈锡尼希腊人之手。

约公元前1350年

米诺斯文明的终结 作为克里特岛统治的象征，克诺索斯宫殿被彻底摧毁和遗弃。

在挖掘过程中，埃文斯发现了一座非凡的建筑，没有明确的边界，包括1000多套皇家公寓、礼仪室和商店。所有这些都由蜿蜒曲折的走廊和楼梯连接。建筑之复杂，让人强烈地联想到一座迷宫——也许它就是传说中的米诺斯王宫。根据神话，是臣服于米诺斯国王的雅典人代达罗斯建造了这座关押牛头怪的迷宫。在此之前，是他制造了木牛作为诱饵，让国王的妻子帕西法厄接近一头大白公牛与它交配。双方结合诞生了一个真正的畸变怪物——牛头怪弥诺陶洛斯。

遍布全岛的宫殿是克里特岛文化的鲜明特征。这些具有纪念意义的建筑群不仅是统治者的居住地，还是整个克里特文明蓬勃发展的经济和商业活动的真正“指挥和控制室”。

克里特岛的宫殿均围绕着一个巨大的中央庭院组织起来，如克诺索斯、费斯托斯、扎克罗斯，甚至是马利亚的宫殿——迄今为止研究得最充分——位于较低层的是商店、档案馆，也有带有宗教特色的房间。上层是王室活动区。这些建筑最独有的特征无疑是没有城墙，这表明克里特人

克诺索斯宫

这面宏伟的围墙建于公元前2000年，是米诺斯文明的神经中枢。它占地超过17000平方米，包括近1500个房间。今天，公众看到的是经其发现者阿瑟·埃文斯爵士部分重建后的遗迹，有时还受到历史学家的批评。

蛇女神：女性形象与米诺斯宗教

在其他非凡的遗迹中，米诺斯文明给我们留下了神秘的女性形象，她们举起双臂，每只手里握着一条蛇。其中著名的两个是公元前1600年的小雕像，发现于克诺索斯王宫的一个房间，她们被称为“蛇女神”。

阿瑟·埃文斯在1903年发现了这两位女神（现藏于伊拉克里翁考古博物馆）。他将其与埃及文化相提并论，并从中看到了大地上的神灵，带有祈求意义的地狱精神。这些波特尼亚女神（potnia，“女主人”或“女主宰”）是典型的米诺斯艺术中古老的崇拜对象，以优雅和自然为特征。尽管我们称其为“女神”，尽管她们被描绘成宫中女仆，但她们实际上可能是某种未知信仰的女祭司。还有其他米诺斯宗教物品，其意义仍有待确定。出现在壁画或陶瓷上甚或经常刻在印章上的“双斧”“圣结”“神牛之角”以及狮、牛、蛇等动物都是如此。米诺斯宗教仪式发生在山上或洞穴中，在此举行动物的献祭。在最早的时候，很可能还举行过人祭。

对他们的海上力量坚信不疑。作为这种力量的象征，考古发现证实，早在新石器时代，米诺斯人就与其他文明接触往来；而这些联系只能通过海上建立。

克里特岛位于欧洲、亚洲和非洲的十字路口。得天独厚的地理位置使得其土地上孕育出繁荣而精致的文明，这一文明在周围强大的文化，特别是埃及文化的突出影响下，仍然保有其独特而鲜明的特质。

古希腊史诗《奥德赛》将克里特岛描绘成一片壮丽的海洋飞地，国际化氛围显著：“在葡萄酒的大海中央有一座岛屿，名叫克里特，它富饶而秀美，海浪环抱，人口众多，有90座城市。那里语言汇杂，居住着亚该亚人、干尼亚人、慷慨豪放的纯正克里特人、多利亚人三方部落以及高贵神圣的佩拉斯吉人。诸城之中，克诺索斯最为宏伟壮观，由众神之长宙斯所垂爱的米诺斯王统治。”

米诺斯的影响

在克里特与当时其他文明的接触路线中，最明显的一条是沿着外爱琴海，将安纳托利亚的海滩与克里特岛的东北海岸连接起来。我们如今理解的《奥德赛》中提到的有影响力的权力中心，正是在这片海岸上繁荣起来的。自所谓的“旧宫殿”时期（约公元前 1900 年—公元前 1700 年）以来，贸易似乎一直处于建在战略锚地附近的宫殿的统治之下，例如，克诺索斯、马利亚宫殿群或扎克罗斯王宫，该宫殿通过环绕城市的公路与港口相连通。

在此期间，克里特人与爱琴海诸岛、安纳托利亚海岸和埃及港口建立了联系。但直到接下来的时期，米诺斯的商业活动才开始腾飞，因为旧宫殿被一场猛烈的自然灾害摧毁，新的宫殿在此基础上建造起来。

因此，随着“新宫殿式”文化（约公元前 1700 年—公元前 1450 年）的发展，一种典型的米诺斯生活方式传遍了地中海：艺术、文化、建筑甚至宗教和丧葬仪式（还包括易腐烂的食品）逐渐渗透到与米诺斯文明接触过的地区。从公元前 16 世纪开始，埃及的文献越来越多地提到克弗悌乌（Keftiu）——这一名词或指代该岛，或指代其人，还很可能对应于《旧约》中的柱顶（Kaphtor）一词。

埃及的文献将米诺斯人描述为金属、木材、宝石，甚至药典的供应商。与此同时，埃及文士对米诺斯人的丧葬习俗、医学知识、魔法仪式，当然还有他们的海军技能很感兴趣。埃及人甚至打算雇用克弗悌乌人带他们在大绿海里航行，埃及人将地中海称为大绿海，是个令人回味的名字。

爱琴海的商行

在整个爱琴海地区，米诺斯人的影响不仅在于克里特文化和生活方式的对外扩张，以及其产品的出口，还在于米诺斯人到岛外建立商行。事实上，克里特岛的兴起是在公元前 1700 年到公元前 1500 年，岛上人口增加后，他们在爱琴海等地区建立了殖民地。

以米诺亚（Minoa 或 Minoia）命名的 10 个定居点以及在米洛斯岛、塞西拉岛、罗得岛、纳克索斯岛、希俄斯岛和锡拉岛（圣托里尼岛）等岛屿上存在永久性定居点的考古遗迹证明了这一点。锡拉岛上有一处阿科罗提利（Akrotiri），此处创作了大量精致的绘画作品，这些作品如今已成为米诺斯文化最具象征意义的代表。诸如《打拳少年》《渔夫》《羚羊》《船队》等壁画就是很好的范例。

随后，其中几个岛屿被克里特人用作通往希腊大陆的道路上的基地。然而，虽然无法确定克里特人是否在大陆海岸成功建立了殖民地，但毫无疑问的是，他们影响了在迈锡尼城周围建于公元前 16 世纪初的强大的战士社会。随着时间的推移，这一文明将夺取米诺斯人的海上霸权。

尽管几乎可以肯定，迈锡尼人保持了对米诺斯人的政治独立，但他们无法摆脱其文化统治。

环形墓葬勾勒出整个迈锡尼的地理位置，其原理很可能借鉴克里特岛。同样，希腊大陆的军事领袖从克里特岛进口了各种艺术图案，用来装饰其宫殿，尤为突出的是皮洛斯王宫。

然而，克里特文化最重要的贡献是其书写系统。由于它在行政和商业事务中展现的优势，它先后被米诺斯人和迈锡尼人采用，以巩固他们的权力。

从第一个辉煌时期开始，克里特人就根据非字母书写系统，称为线形文字 A，在作注的泥板上记录他们的商业交易。线形文字 A 早于字母书写系统，至今尚未被破译，用于转录至今同未被破译的克里特语。迈锡尼人将其用于转录他们自己的语言——希腊语，因此保留下他们的会计记录。

正如我们所见，米诺斯文明在东地中海的重要优势不仅体现在神话，还体现在希腊人对遥远过去的重建中。有修昔底德和希罗多德（公元前 5 世纪）的著书为证。

根据“历史之父”的说法，米诺斯对海洋行使绝对的统治权。希罗多德就此使用了动词“thalassokratéein”，直接指代被广泛争论的米诺斯的制海权问题。

《丰收之瓶》

这件米诺斯艺术作品的名字来源于此处细节上可见的收割者形象。该皂石瓶可溯及公元前1700年至公元前1600年，出土于阿基亚·特里亚达遗址（现藏于伊拉克里翁考古博物馆）。

米诺斯的海洋统治

如果事实证明克里特岛与周边领土保持密切联系，那么是否称为严格意义上的殖民帝国？对于古代历史学家来说，情况当然如此。但就修昔底德而言，应该将其论述置于其所处的历史背景中，即公元前5世纪雅典帝国实行对外侵略。

这个庞大的商业网络在多大程度上揭示了一支强大的

克诺索斯宫：伟大的米诺斯中心

尽管克诺索斯宫的遗迹从外观上看如迷宫，但其作为米诺斯文明的权力中心，按照精确的方案设计，围绕着一个巨大的中央庭院，穿过门廊和俯瞰滨海广场的走廊即可入内。建筑师想让阳光洒满房间，照亮覆盖各种墙壁的风格化绘画。宫殿的中央庭院将整体分为两部分：西苑是一整套行政或宗教用房（如王座室或供品存放处），东苑是寝宫。东翼极其复杂：从主楼梯、交错的走廊到双斧厅、王后寝宫的正厅。

克诺索斯宫殿鸟瞰图　从空中，我们可以更好地感受这座传说由建筑师代达罗斯（伊卡洛斯之父）设计修建的建筑的复杂性。

① **中央庭院**　王室的主要房间围绕着这个58米×28米的庭院布置。房间内铺着地板，外墙上挂着象征性的牛头——“献祭之角”。

② **王座室**　（西方保存最古老的）石制宝座矗立其间，可能多用于宗教仪式。房间的墙壁上排列着石凳。地上覆盖着石膏。

③ **商店**　在宫的官方大厅后面，苑设有许多商店，中存放了用于储存物、葡萄酒和油，及其他产品的大罐（pithoi）。

护廊　这条走廊连接着宫殿的各个房间，作为王宫正厅中宏伟的候见厅，很可能需要容纳大量观众。图中展示了典型克里特风格的倒立柱，以及柱子上的“8”字形纹章。

阿瑟·埃文斯

1896年，英国考古学家阿瑟·埃文斯爵士（1851年—1941年）来到克里特岛研究迈锡尼文明的起源。1900年，他在该岛北部购买的一块地块上进行了挖掘，发现了克诺索斯宫。这些遗迹使他能够确定迈锡尼文化之前的文明，他以米诺斯国王的名字为其命名为“米诺斯”。下图是埃文斯和克诺索斯宝库中的公牛头。

❹ 王后寝宫的正厅　东苑是王后的寝宫、会客厅和浴室。正厅墙壁上装饰着著名的海豚壁画（插图第4—5页）。

❺ 南柱廊　这座柱廊林立的门廊通往一条走廊，走廊上的壁画描绘了一群年轻人。赤裸上身、腰身纤细的风格化人物是米诺斯壁画中的常见主题。

❻ 西苑　一个形状不规则的庭院，铺着石板，延伸到宫殿外。一条可通行队列的道路略高于石板路。

克里特岛的海上扩张：米诺斯影响的地区

克里特岛对其周围的岛屿和半岛产生了深远的影响，这要归功于其密切的商业关系，还可能得益于其海上的军事行动。克里特的航海者与爱琴海诸城，包括小亚细亚的弗里吉亚人、吕底亚人和赫梯人进行货物贸易。他们还到达了塞浦路斯、巴勒斯坦海岸和埃及北部，在那里他们被称为克弗悌乌，意思是“岛上的人”。

米诺斯人在地中海东部各地建立了贸易中心。克里特人获取了金属、宝石、食品和手工艺品。在克里特岛以外的挖掘过程中发现的众多米诺斯风格的物品展示了这些交流的重要性以及克里特岛文明的影响。

费斯托斯圆盘 该圆盘于1908年在克里特岛南部的一座米诺斯宫殿中被发现，保存在今天的伊拉克里翁考古博物馆中，它是地中海东西部之间商业交易的证据。圆盘上的象形文字尚未被破译，与居住在伊比利亚半岛（希腊人称的塔特苏斯）东南部的阿尔加里人的文字相似。

舰队的存在，能够将其枷锁强加于爱琴海诸城并迫使它们进贡？米诺斯人是否通过武力建立了这些联系？克里特人的海军能力很难评估，特别是因为在海床上找不到可辨认的船只残骸。

我们今天仍然对它们的特征有一个非常近似的概念，因为它们有很多表现形式：存放在墓葬或圣所中的物品、印章或戒指上的雕刻，绘画作品，如在圣托里尼岛发现的著名壁画《舰队》。

事实上，是否存在永久战舰以及真正的海洋统治的问题，在一定程度上取决于对这幅公元前 1600 年左右的壁画的解释。它是否像军舰的长度和标志所暗示的那样代表一次远征？它是对一个和平的非洲沿海地区的袭击吗？正如画中的豹子和狮子以及某些人物的身体特征所表明的那样？或者相反，它是一幅米诺斯商人在爱琴海防御外敌侵略的场景？

长期以来一直将其解读为一场军事行动，而今日似乎更倾向于将其解读为一次节日航行。这样的话，船上描绘的武装人员将构成一个简单的仪仗队。但无论如何，这次行动都彰显了克里特舰队的声望。

面对法老埃及、赫梯帝国或希腊大陆的迈锡尼军阀等强国，作为新生力量的克里特岛，我们有理由认为其声望的积累必须部分依靠公认的军事力量。至少这是当代历史学家所认为的，这背离了米诺斯人传统的乃至在某些方面略显天真的和平愿景。的确，在青铜时代那些时期，海盗、惩罚性远征和侵袭一定是相对普遍的。

让我们再次重读修昔底德的《伯罗奔尼撒战争史》：“随着国家间的海上关系不断发展，不只是古希腊人，还有住在沿海一带和岛屿上的蛮族都把海上劫掠作为共同的职业。海盗的领袖是强有力的人；他们做海盗的动机是获得利益，同时也是为了扶助他们同族中的弱者。他们袭击那些没有城墙保护而分散在四处的村镇；他们以劫掠这些地区来谋得他们大部分的生活所需。在那个时候，这种职业完全不认为是可耻的，反而当作光荣的。”（《伯罗奔尼撒战争史》，第一卷，第五章）

船队壁画

这幅壁画可追溯到公元前1600年左右，是在锡拉岛（圣托里尼岛）的西房中发现的。在约6米长的楣板上，描绘了一次海军探险（现藏于雅典国家考古博物馆）。

神秘的崩溃

克里特人拥有一支强大的舰队，几个世纪以来行使着海上霸权，受到宫殿的中央权力的严格管理。从克诺索斯、费斯托斯或马利亚新宫殿的建造，到突然神秘的毁灭，其间米诺斯文明达到了顶峰。具有讽刺意味的是，米诺斯文明成于海洋，又毁于海洋。

事实上，与米诺斯文明有关的最后一个历史谜团正是它的消失。考古发现表明，在公元前15世纪中叶，岛上的宫殿都掌握在迈锡尼希腊人手中，而非当地的权贵。他们的经济组织似乎已经完全崩溃了。在这片大陆上发展起来的新生文明，随即取而代之。

造成这种崩溃的原因何在？埃文斯的弟子斯皮里顿·马里纳托斯（Spyridon Marinatos）凭借其非凡的直觉和出色的考古技能，指出米诺斯文明的突然灭绝并不是因为之前人们认为的迈锡尼入侵，而是一场难以想象的自然灾害。1939年，在直接观察克里特岛土壤后，他声称灾难的起源位于距离克里特岛海岸仅120公里的繁华的锡拉岛（圣托里尼岛）。

斯皮里顿·马里纳托斯的理论如下。在公元前第二个千年的后半期，这座火山岛经历了一次喷发，将其野蛮地分成三部分，因此引发了海啸，导致米诺斯舰队的毁灭以及克里特王室的崩溃。卡塔萨姆巴（Katsamba）、阿穆尼索斯（Amnisos）、马利亚、费斯托斯和克诺索斯等港口在这次灾难中被完全摧毁。生产和经济陷入瘫痪。

尽管这一理论很有吸引力，但米诺斯文明终结的原因仍然是科学争议的重要主题。但如果事件真的如马里纳托斯所描述的那样发展，毫无疑问，撼动整个锡拉岛的震耳欲聋的爆炸、遮天蔽日的尘埃和无声的灰烬之雨使米诺斯人民瞬间陷入了经济危机，而混乱和精神迷失更加剧了这种危机。

因此，迈锡尼人将瞄准这一契机占领该岛。约公元前 1450 年，他们凭借其对克里特岛及其防御的深刻认识，终于征服了该岛。在洗劫了岛上的城市和宫殿后，他们夺取了克诺索斯和其他权力的席位，并立他们自己的亲王为王。从此，直到青铜时代结束，他们将为东地中海发生的一切定下基调。

当迈锡尼社会开始繁荣时，即公元前 16 世纪初，米诺斯文明长期以来一直是穿越地中海的贸易路线的焦点。这使得它的发展和精致程度远远超过了大陆。很明显，迈锡尼人将自己的进步部分归功于对米诺斯组织模式的同化。同样，克里特人在所有领域对希腊大陆人的影响都很明显，在文化领域最为显著。尽管如此，迈锡尼人不仅是受克里特岛影响的外省人；他们拥有自己的身份，足以被认为是第一个真正意义上的希腊社会。约公元前 1400 年，他们对爱琴海的影响达到了顶峰。

迈锡尼的关系网延伸到埃及、安纳托利亚、叙利亚和巴勒斯坦不足为奇。可能还与北欧和中欧保持定期联系——主要是康沃尔，也许还有波希米亚，以获取对制造青铜至关重要的锡。从公元前 1500 年到公元前 1150 年，希腊经历了一段辉煌时期，有皮洛斯（Pylos）、梯林斯（Tirynthe）或奥尔霍迈诺斯（Orchomène）的巨石堡垒为证；最重要的是，迈锡尼的宫殿宏伟壮丽、柱廊林立，装饰有金、铜和象牙，均由能工巧匠精心打造而成。

《伊利亚特》与迈锡尼

在青铜时代末期，迈锡尼文明盛极一时，在地中海世界留下了深刻的印记，直至几个世纪的流逝最终将其抹去。也许它的唯一痕迹仅存于西方古典文学第一部具有纪念意义的史诗的篇章中。荷马以“伊利亚特”为题创作了这部史诗，以宣扬那些根据神话将传说中的特洛伊城化为灰烬的遥远过去的古希腊人的功绩。

特洛伊战争真如荷马想象的那样发生了吗？历史学家提出了这个问题。希腊人自己从未质疑过其真实性。在古典时期，历史学家修昔底德认为这是一个真实的事件，只是质疑冲突的范围。希罗多德将该战争追溯到公元前 1250 年左右，而一部刻在石头上的著名编年史《帕罗斯大理石》则记载该战争结束于公元前 1209 年。

随着时间的推移，事件的真实性问题没有被提出。及至 19 世纪末，德国商人兼业余考古学家海因里希 · 施里曼以《伊利亚特》为挖掘蓝图，将他的研究指向了迈锡尼。根据这部史诗，阿伽门农统治着迈锡尼，他是带领希腊人远征特洛伊的最高领袖。

施里曼确信荷马的诗篇隐藏着一个历史现实，于是开始了对迈锡尼的挖掘工作。几年前，他在特洛伊也迈出了同样的一步，揭开了这座古老的神话之城的面纱。在迈锡尼，人们从地里挖掘出了一个文明的遗迹，其武器、盔甲和其他物品似乎与《伊利亚特》中吟游诗人的描述相符。

施里曼发现了一圈典型的迈锡尼竖坑式墓穴遗址，里面有 19 名男女的遗骸。其中 3 名男子为战士装束（有 43 把剑和数百件贵重物品）。金色的面具护住面颊。考古学家将他们的面具一一摘下，发现这无疑是一个个强大的军事统领。施里曼确信这些是神话英雄的遗骸，当他摘下第三个面具时，他坚信自己见到的正是阿伽门农。他以戏剧化的方式宣布他的每一项发现，与希腊国王、《泰晤士报》和短命的巴西皇帝分享了这些发现。然而，即使假设存在神话中的迈锡尼国王，也不可能是阿伽门农，因为施里曼发现遗骸的墓穴可以追溯到公元前 16 世纪，早在特洛伊战争之前。事实上，希腊远征应该发生在公元前 13 世纪末。然而，墓穴中的死士或许是荷马后来在诗中赞美的诸位战士的首批代表之一。

青铜时代的大理石小雕像和基克拉迪文化

公元前 3000 年到公元前 2000 年，一种前希腊文化在爱琴海的一个群岛基克拉泽斯群岛（帕罗斯岛、提洛岛、米洛斯岛等）蓬勃发展，基克拉泽斯（意为“环状”）群岛的名字源于这些岛屿呈环形（kyklos，希腊语）排列。目前尚不清楚希腊人民对该地区的先辈了解多少。那里遗留下一些大理石小雕像，其意义仍有待确定。

❶

这些小雕像雕刻于公元前2800年至公元前2300年，是基克拉迪文化的象征。它们通常被称为“基克拉迪群像”，刻画了极其程式化的人物形象。此外，帕罗斯岛和纳克索斯岛丰富的大理石解释了材料的选择。它与各种磨料一起使用，包括浮石，直到打磨成这些特殊形状。这些雕塑（高度从5厘米到1.5米）的功能和身份仍然很神秘，特别是它们还是在定义不明确的考古环境中发现的。根据一种假设，它们是存放在死者坟墓中的嫁妆的一部分。然而，他们在许多富人的坟墓中都没有。它们也可以是神性的代表，在房屋中标记圣所所在的地方。无论如何，这些小雕像表明基克拉泽斯是一个非凡文明的发祥地，在欧洲和亚洲之间享有优越的地位。它们的居民很早就扬帆出海了，因此能够吸收各种外国文化。基克拉迪文明的衰落与克里特岛的兴起几乎同步。然而，纵观整个希腊历史，提洛岛的文化始终完好无损。

牛市的飞跃

（第 32—33 页）

这是克诺索斯宫中最著名的米诺斯壁画，绘于公元前 17 世纪至公元前 15 世纪。它所描绘仪式的确切含义尚不清楚（现藏于伊拉克里翁考古博物馆）。

迈锡尼：希腊的摇篮

大约在公元前 2000 年至公元前 1800 年，讲希腊语的人口来到爱琴海地区，主要以牧业和农业为生，还带去了马匹以及冶金和制陶工艺等技术。这些入侵者逐渐将他们的权威强加给当地人。约公元前 1600 年，在当地人口与新到来的希腊人口长期共存之后，人口增长、对外贸易发展和生产力提高等因素，增强了后来居上的希腊人及其领袖的经济和政治力量。

❷ **女像** 该人物双臂交叉，以一种若有所思的神态抬起头。肘部和膝盖被精美地勾勒出来（现藏于雅典国家考古博物馆）。

❹ **女像** 这个女性形象身体蜷缩，肘部支在膝盖上，头搁在手上，似乎在表达一种祈祷（私人收藏）。

❶ **竖琴演奏者** 这是现存较古老的奏乐者雕塑之一（现藏于雅典国家考古博物馆）。

❸ **容器** 基克拉迪艺术中有丰富的花瓶和其他大理石器皿，揭示了他们对这种材料的出色掌握，这些物品通常带有色彩痕迹（私人收藏）。

❺ **女像** 该人物双臂交叉，“一本正经”。这种风格的人物通常有一个切口标记耻骨（现藏于雅典国家考古博物馆）。

这些变化可能最先在迈锡尼体现出来，迈锡尼位于爱琴海、科林斯湾、西部领土和北部领土之间的战略十字路口。这就是为什么在这个时候在这些地方形成的文明通常被统称为“迈锡尼”文明。荷马则将该地区的居民称为“亚该亚人”。

所谓的圆顶墓（tholos，复数形式为 tholoi）构成了这个社会最典型的特征。这些丧葬建筑散布在希腊大陆各处，呈大型圆形和拱形建筑形式，可通过一条长长的走廊和一

道宏伟的青铜门进入。这些墓葬是精英、国王和贵族的墓葬，他们是强大的迈锡尼社会、军事和经济组织的领导者。

的确，青铜时代这个繁荣的文明建立在等级森严的社会和政治制度之上，建立在对经济的集中控制的基础上。除了圆顶墓，作为权力神经中枢的宫殿，是迈锡尼世界最具象征意义的建筑，宫殿坚不可摧，宫墙用厚达 6 米的石块建造。

坚固的宫殿

宫墙被称为"独眼巨人围墙"，古人认为只有神话中的巨人才能建造它们。宫墙之上是层层堡垒，宏伟的宫门穿墙而过，比如，迈锡尼巨大的狮子门。每座宫殿都有围墙保护，其核心是正厅，即一个带有壁炉的硕大房间。人们可通过外部门廊和前庭进入殿内。

严格说来，正厅是王座室，王室"瓦纳克斯"（wanax）在此指点江山。这个迈锡尼称谓相当于《伊利亚特》中的"ánax andrôn"（"军事首领"），用来指代强大的迈锡尼统治者阿伽门农。

迈锡尼王国的管理仰仗于从克里特借鉴的书写系统——线形文字 B。我们对青铜时代希腊的大部分知识归功于两位英国人：建筑师麦克尔·文屈斯（Michael Ventris）和古希腊语学者约翰·查德威克（John Chadwick）。1952 年，他们一起发现了在字母表出现以前，根据这种书写系统转录的语言是一种古老的希腊语。

在迈锡尼古城的档案中保存有泥板，当时的官员用芦苇笔（芦苇削尖）写下了有关宫殿管理的简短记录：这些登记册中记载着雇用的工人的数量、军队的动向、牛群的情况、谷物的收成，等等。

对这些记录行政管理的泥板的仔细考据首先揭示了迈锡尼社会的等级制度，顶端的"瓦纳克斯"既是军事首领，也是宗教领袖。其次，将领们（lawagetas）在瓦纳克斯的命令下领导军队。此外，泥板还提到了贵族（telestai），他们似乎拥有祭司的权威，或是氏族领袖的权威。最后，是宫廷显贵的随从（hequetas）。

社会阶梯的底层是平民（damo，古典希腊语为 dèmos），平民由农民和工匠组成，他们可以被征召入伍。他们由迈锡尼国王的附庸出身的贵族首领（qasireu）领导。在国王的诸多职责中，贵族首领负责将青铜分发给为宫殿工作的铁匠。国王是一个重要的人物，其名称的转变证明了这一点，后来在《伊利亚特》中特别使用了“巴赛勒斯”（basileus）一词，意为“国王”。

“迈锡尼文明”一词会给人一种错误的认知：迈锡尼国王统治的是一个联合王国。实则相反，希腊的多处

迈锡尼狮子门

这座通往堡垒的门户建于公元前 13 世纪中叶左右，1841 年由第一位在迈锡尼工作的考古学家基里亚科斯·皮塔基斯（Kyriakos Pittakis，1798 年—1863 年）修复。门楣上的双狮浮雕足有 3 米高。

迈锡尼遗址表明，迈锡尼有着许多独立的社区，每个社区均围绕一个由君主统治的坚固城堡而建。伯罗奔尼撒半岛的迈锡尼、皮洛斯或梯林斯，阿提卡的雅典，或维奥蒂亚的底比斯和奥尔霍迈诺斯等宫殿，都在广阔的领土上行使着重要的权力。

总的来说，迈锡尼各堡垒之间的关系一定是相当稳定的。可能只是在争夺同一地区的控制权时才发生冲突。底比斯可能是在与其邻敌奥尔霍迈诺斯发生冲突期间被烧毁的。

迈锡尼的军事首领

几个世纪以来，城堡的领主们积累了巨大的财富和威望，这不仅得益于平民进贡的货物，也得益于他们的海上活动，无论是单纯的商业贸易还是掠夺和抢劫。在很短的时间内，迈锡尼的船只驶进了克里特人的领域，虽然熟练的水手从未上岸：在西西里岛和意大利南部发现的陶瓷证明了他们通过的行迹。他们的影响力甚至以某种方式延伸到了伊比利亚半岛的海岸。

此外，已知迈锡尼在爱琴海的几个岛屿上建立了持久的殖民地，并与埃及（法尤姆）、叙利亚、安纳托利亚和黎凡特的贸易站建立了永久联系。虽然不是在迈锡尼而是在腓尼基，但在小亚细亚西南部的格里多亚角、伊里亚角和乌鲁布伦（Ulu Burun）发现的青铜时代的沉船表明，贸易主要涉及金属、玻璃、木材和树脂。在双耳瓶中，主要盛放必需的葡萄和橄榄种子。

虽然米诺斯人的侵略没有得到明确证实，但迈锡尼的希腊人极有可能将他们的力量诉诸他们的武装部队和公开的挑衅行动。虽然他们的石碑没有记录他们的军事组织，但是见证了沿海驻军、船队的动向，以及士兵的口粮和军备开支。

武器的存在不仅由石碑证实，而且还由装饰陶瓷的壁画以及考古发掘中发现的武器证实。因此，我们知道了迈锡尼士兵都佩戴皮革头盔，上面缝有青铜带子。他们还身披皮革盔甲和覆盖全身的亚麻胸甲。

防御时，战士们手持大木盾，盾上覆盖着几层用金属钉子固定的牛皮。肉搏战时，他们有青铜的剑和匕首，以及矛头用青铜制成的重矛。射击时，他们有标枪和

箭等射击武器。

军官的装备包括一顶青铜头盔（有时还饰有野猪的獠牙）、青铜胸甲和胫甲，可以保护他们的身体。迈锡尼军队就这样从头到脚全副武装，披挂战士专属的金属铠甲，抵达战场。荷马在《伊利亚特》中的某些段落描述了全身披挂金属装备的亚该亚战士，这一点似乎得到了考古发现的证实。

这是其中令人回味的一段话：“杰出的人民领袖，阿特里德·阿伽门农，不要再喋喋不休！我们不要再拖延上帝交给我们的工作了。我们走吧！让传令官高声呼喊，将身披青铜胸甲的亚该亚之子聚集在战船上。让我们团结一致，穿越无数阿尔戈斯人的队列：赶快唤醒狂躁的阿瑞斯进入战斗吧！”

迈锡尼短剑

这件青铜武器饰有金银双色的猎狮场景（公元前 17 世纪—公元前 16 世纪），发现于迈锡尼第一个墓葬圈的四号墓（现藏于雅典国家考古博物馆）。

迈锡尼堡垒：坚不可摧的权力中心

迈锡尼堡垒建于300米高的山顶上，占据着阿尔戈利斯平原和通往北方的道路。根据神话，王室在此处统治着那些征服了特洛伊的城邦。

❶ **宫殿** 矗立在悬崖峭壁之巅，是迈锡尼的神经中枢。国王的治政厅有一个四柱围绕的壁炉，天花板上有一个排烟口。

❷ **蓄水池** 一旦敌军入侵，位于堡垒最深处的地下蓄水池和商店可以保证水和食物的供应。

❸ **新围墙** 公元前15世纪末，围墙只保护宫殿。拥有明确边界的围墙可以追溯到公元前13世纪，围墙由巨大的石块建造，被认为是独眼巨人的杰作，因此被称为“独眼巨人围墙”。

❹ **圆形墓圈A** 这个围墙靠近入口，有6座坟墓，埋葬了公元前16世纪迈锡尼贵族的19名成员。

❺ **新狮子门** 城堡的入口处有一个浅浮雕，上绘有两只面对面的母狮。这是迄今为止已知的唯一一处迈锡尼纪念性雕塑。一条甬道筑有防御工事，保护着大门，可以进行防御演习。

战车的引进

还有一个重要元素，其中记录行政管理的泥板和图形与荷马诗句中所描述的吻合。这一元素便是战车，诗人笔下的英雄乘着战车在战场上巡行。战车发明于公元前2000年初，被美索不达米亚、安纳托利亚和埃及广泛用于比赛或官方仪式，战车由马匹牵引，两个轮子上有一方狭窄的平台。从公元前17世纪开始，战车用于军事，后来成为近东军队的主要作战武器。

一个世纪后，战车在希腊广泛使用。尽管其用途在当时定义不清，但它在希腊土地上的广泛使用，与

迈锡尼世界的心脏　这张鸟瞰图显示了堡垒的神经中枢、街道规划和围墙线，还揭示了这座固若金汤的古城的概貌。

其说是因为它的军事使命，不如说是因为它给使用者带来的声望。即使将迈锡尼城堡脚下延伸的平原视为东方伟大战役的缩小版场景也并非没有道理，但与千乘之国赫梯仍不可同日而语，赫梯人的战车由年轻的世袭贵族（maryannu）担任战车射手，他们负责指挥战车。相比之下，像皮洛斯这样的希腊城市只有不到 200 辆战车。

尽管当代学者厘清了青铜时代的希腊史实与荷马史诗的记述之间的关联，但特洛伊战争的现实问题值得缓缓再下结论。我们知道，公元前 14 世纪和公元

内斯特杯

海因里希・施里曼在迈锡尼发现了这件黄金制品（公元前 17 世纪至公元前 16 世纪），他确信它是《伊利亚特》中描述的神话般的皮洛斯国王的杯子（现藏于雅典国家考古博物馆）。

迈锡尼文明的关键时期

约公元前1900年

印欧人定居 构成希腊未来人口的印欧人迁徙到巴尔干半岛。

约公元前1600年

新的权力席位 皮洛斯、梯林斯、雅典和底比斯成为新的财富中心。

约公元前1500年

与克里特岛的联系 迈锡尼人采用了米诺斯的艺术风格和文字。

约公元前1450年

对克诺索斯的统治 迈锡尼人占领了克里特岛并夺取了海上霸权。

公元前1400年—公元前1250年

在地中海的扩张 迈锡尼开始接触赫梯帝国。

约公元前1250年

特洛伊的陷落 荷马在《伊利亚特》中记录下特洛伊战争的传奇故事。

约公元前1200年

迈锡尼的陷落 迈锡尼文化消亡，原因不明。

约公元前1150年

赫梯帝国灭亡 神秘的海洋民族终结了这个帝国。

葬礼仪式和阿特柔斯宝库

在皇家陵墓或圆顶墓（盛奠酒的三耳瓶，双耳爵和各色杯子）中发现的陶瓷祭品让我们可以窥见迈锡尼的葬礼仪式。由此我们得知，对于社会地位较低的死者，也会在露天实行火葬和土葬。

在希腊发现的最壮观的圆顶墓是阿特柔斯宝库（右图），也被称为“阿伽门农之墓”。约公元前1300年，建在迈锡尼宫殿坚固的围墙外，一条长长的走廊通向一间墓室。巨大的入口是一个空心的三角形，曾经被一块雕刻的石板填满。内殿呈圆环状，高13.5米，由呈同心圆排列的石块砌成，越接近圆顶的石块越窄。这些坟墓里有金银制品，死者的随从将这些金银制品与食物存放在一起，方便他们在去往来世的旅途中享用。

前 13 世纪期间，迈锡尼希腊人的势力扩展到爱琴海和邻近海岸，以及克里特岛。

在东方，他们的商业关系延伸到黎凡特和安纳托利亚的港口。迈锡尼希腊人与他们建立了葡萄酒、石油、纺织品、陶瓷和青铜武器的贸易往来，收益颇丰，这些都得到了考古发掘的证实。

当时的赫梯文献无疑是迈锡尼人在该地区存在的最可靠证据。他们经常提到亚锡雅瓦人（ahhiyawa），这个词很容易让人联想到阿凯

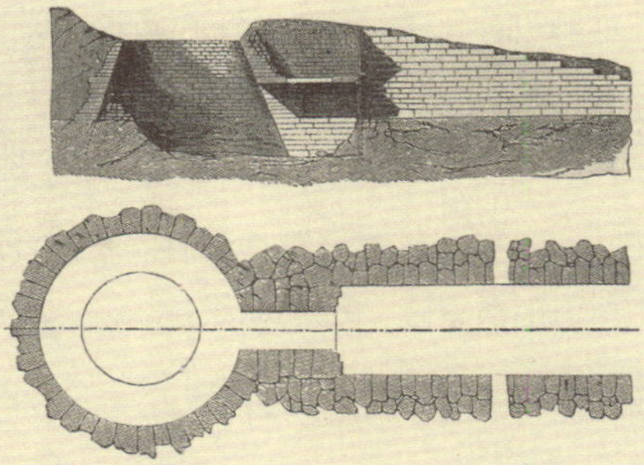

纵剖面和平面图 海因里希·施里曼的这些画作描绘了1879年的圆顶墓。

圆顶墓的门面 通道被清除之前的走廊视图。

亚人（akhaioi），即亚该亚人。在一些文献中，赫梯统治者向他的“兄弟”亚该亚国王致意。还有文献提到两国交换礼物或亚该亚人抵达赫梯国，根据赫梯人的指令操练战车。

特洛伊战争真实发生了吗?

然而，这两个姐妹文明之间一定在某个时候出现了利益冲突。迫于亚述人的压力，赫梯人失去了对靠近其势力范围的铜矿的控制权。然后，他们决定占领塞浦路斯，那里生产这种对青铜制造至关重要的金属。此外，由于塞浦

迈锡尼在地中海的扩张

随着迈锡尼宫殿经济的强劲发展和对克里特岛的征服，迈锡尼希腊人在整个地中海地区建立的商业突飞猛进，从此迈锡尼与克里特势均力敌。

迈锡尼贸易的基础是原材料和制成品的出口，以及金属（尤其是铜和锡）、宝石、琥珀或象牙等贵重材料的进口。迈锡尼商人还带回了东方的思想和艺术表现形式，使得在遥远的地中海地区之间或多或少维持永久的文化流动。此外，一些碑刻上的沿海驻军动向，或战车和其他军事装备的考古发现表明，迈锡尼的商业扩张和统治并不总是建立在平等的亲切交流的基础上。出于同样的原因，从历史的角度来看，有理由相信迈锡尼人为了掠夺而进行远征的假设，或者与赫梯人对抗的假设，也许发生在公元前1250年特洛伊城毁灭的时候。

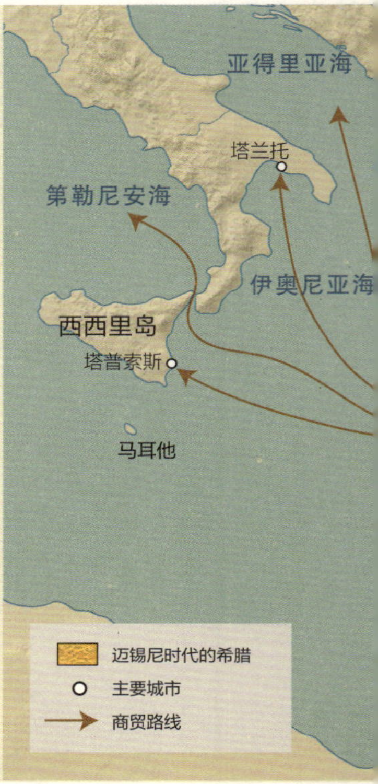

路斯是东方航线的重要停靠点，因此赫梯人阻断了迈锡尼的铜供应。

这种封锁可能限制了商业贸易，从而导致迈锡尼权力中心不可逆转地崩溃。这发生在公元前1200年左右，古希腊人和考古学家确定其为对特洛伊采取进攻、围城和放火的时期。特洛伊城堡位于恰纳卡莱海峡入口处的战略位置，保证了其对周围地区海上交通的控制。对于迈锡尼人来说，这个战略位置，加上众所周知的城市财富，与传说中特洛伊的海伦无与伦比的美貌一样，有可能成为开战的理由。而且，特洛伊王国处于赫梯帝

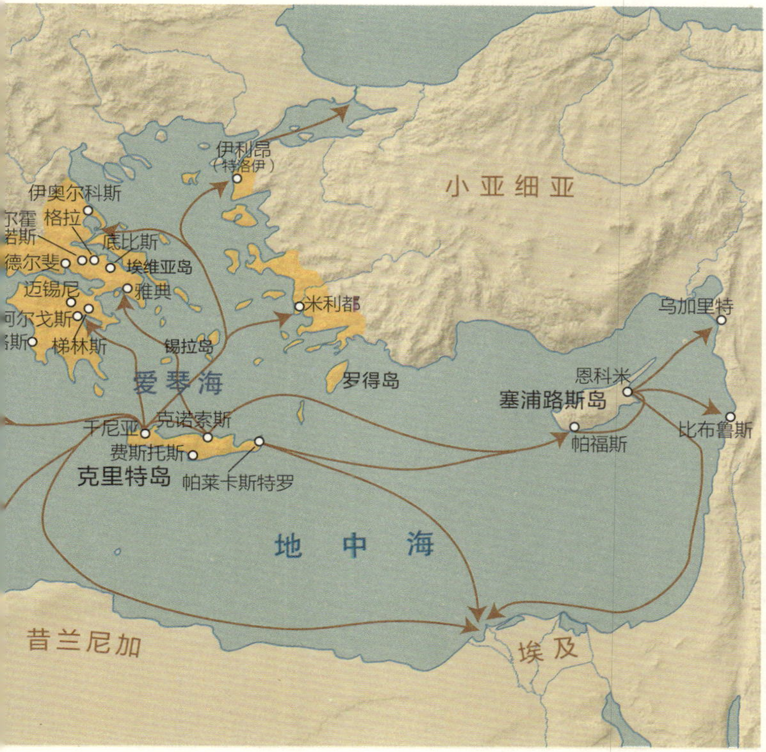

国的势力范围内。

虽然无法确定特洛伊在多大程度上处于冲突的中心，但城市周围为抵御战车（当时安纳托利亚平原上典型的毁灭性武器）进攻修筑的壕沟证明了其对威胁自身的危险有着清晰的认识。

这种威胁可能在公元前 1250 年至公元前 1180 年成为现实。的确，与这一时期相对应的考古层显示了一座被围困的城市的明显痕迹，它遭受了一场袭击和大火的摧毁。然而，考古学无法确定袭击者的身份，也没有表明特洛伊的毁灭是一场持久战的结果，还是一系列持

登德拉的盔甲

在登德拉的迈锡尼考古遗址发现的胸甲由缝在皮革上的青铜板组成。头盔由野猪獠牙制成。该套装可追溯到公元前 15 世纪中叶，是此类装备中较古老的示例之一（现藏于纳夫普利翁考古博物馆）。

字母出现以前的书写：线形文字 A 和 B 书写的石碑和符号

在克诺索斯的遗迹中，阿瑟·埃文斯发现了两种类型的书写，他称为“线形文字 A”和“线形文字 B”，因为它们都是直线。线形文字 A 对应于尚未被破译的克里特语。线形文字 B 代表希腊语，比字母表的采用早了几个世纪。

a	e	i	o	u
da	de	di	do	du
ja	je		jo	ju
ka	ke	ki	ko	ku
ma	me	mi	mo	mu
na	ne	ni	no	nu
pa	pe	pi	po	pu
qa	qe	qi	qo	
ra	re	ri	ro	ru
sa	se	si	so	su
ta	te	ti	to	tu
wa	we	wi	wo	
za	ze		zo	

公元前15世纪至公元前14世纪的石碑上刻有线形文字A（上图）（现藏于伊拉克里翁考古博物馆）。在希腊土地上发现的刻有线形文字B铭文的石板可以论证该文字即为当时的希腊语。基于这个假设，建筑师麦克尔·文屈斯和古希腊语学者约翰·查德威克在1952年发现，这一书写体隐藏着希腊语的一种古老变体。得益于他们耐心的破译工作，很可能证明了线形文字B是一个音节系统（如表所示，每个符号代表一个音节），迈锡尼人从克里特人那里借来了这种音节系统，以促进他们的宫殿管理。随着迈锡尼王国的衰落，希腊人失去了这种文字。他们直到4个世纪后才找回它，这次是按字母顺序排列的。

续攻击最终成功摧毁其强大防御的结果。

因此，在一次为恢复商业贸易而进行的最后而绝望的尝试中，亚该亚人发起了攻击，为了夺取黑海路线上处于关键位置的特洛伊要塞（历史学家称为“最后的加油站”）。如果荷马史诗以某种方式提到了一个历史事件，考古研究表明这只是非常间接的。

数据的交叉核对无法及时准确定位特洛伊战争。此外，历史学家对《伊利亚特》的解释是，它是一首史诗，它基于将不同时代和各种事件联系起来的混合记忆，其故事代代相传，甚至在后来几个世纪的思想中也留下了印记。荷马是一位诗人，他不是第一位历史学家。

一个时代的终结

确切原因至今仍未确定，不管怎样，迈锡尼社会组织在公元前 13 世纪至公元前 12 世纪之交彻底崩溃。迈锡尼、梯林斯、皮洛斯和沃洛斯的堡垒显然在一场重大冲突中被摧毁。有迹象表明，悬在迈锡尼王国上空的可怕威胁是有预兆的。

事实上，在公元前 13 世纪下半叶，迈锡尼和梯林斯拓宽并巩固了他们的城墙。为了确保供水，他们建造了通往地下蓄水池的通道。科林斯地峡竖起的高墙显示了他们对来自北方的袭击的恐惧。在皮洛斯发现的一些石碑提到了一支哨兵队和船队随时准备好面对可能的紧急情况。

在最后的大溃败之前，迈锡尼要塞至少遭受了 3 次严重破坏，而梯林斯要塞则遭受了 8 次严重破坏。但这两个地方还同时遭受了公元前 1200 年左右发生的一系列灾难，这给青铜时代的希腊带来了致命的打击。

迈锡尼王国的终结引发了许多猜测。一些说法将其归因于地震或气候变化叠加饥荒。但是由自然灾害引起的饥荒会导致人口减少，而不是导致所有权力席位的大规模放弃。与此同时，地震既不能解释烧毁居民家园的烈火，也不能解释并未发现因堡垒墙壁倒塌而压碎的受害者遗骸。

因此，其他理论研究者对此进行了研究，例如，对立的权力席位之间的冲突，或者用马克思主义分析认为是被统治的社会阶级的起义，甚至还有解释是对自然资源的过度开采。但是希腊人自己所青睐的版本却是外敌的干预，虽然随着时间的流逝而有所减弱。这就是希腊神话中的赫拉克勒斯后裔的回归。

根据传说，在父亲赫拉克勒斯（以 12 项功绩留名于世的英雄）去世后，儿子们因害怕迈锡尼国王逃到了好客的雅典君主忒修斯的宫中避难。他们在那里向迈锡尼国王发出挑战。根据挑战的结果，赫拉克勒斯的儿子们要么获得他的王位，要么遭受 50 年的流放。战败后，他们不得不离开希腊。

但 50 年后，他们的第三代后裔重新掌权。这个传说将希腊的新主人描绘成最著名的英雄的后代，使其统治合法化。

多利安人的角色

历史学家提出了“多利安人入侵”的猜想，这是一个属于人民的族群——例如斯巴达人——他们在迈锡尼文明崩溃后在多利安人的主要势力范围夺取了权力。在迈锡尼的青铜铠甲闪耀之时，没有人想到一个新的纪元已经到来，新纪元将采用另一种金属的名称：铁。多利安人掌握了希腊人还不知道的这种材料的冶炼技术。因此，很可能是这支来自北方的族群，用铁锻造出了更为坚固耐用和更长的武器，对希腊堡垒发起了攻击。

这也许就是荷马在《奥德赛》中所写的——应该发生在迈锡尼王国灭亡之前——克里特岛的多利安人。后来，在公元前 7 世纪，诗人提尔泰奥斯（Tyrtée）提到赫拉克勒斯的后裔建立了斯巴达（“因为宙斯本人——克洛诺斯之子，天后赫拉的丈夫——将这座城市交给了赫拉克勒斯的子孙”）。公元前 5 世纪，品达在他的颂歌（《竞技胜利者颂》）中，以及历史学家希罗多德（在其《历史》中）和修昔底德（在《伯罗奔尼撒战争史》中）提出了多利安人入侵这一有吸引力的猜想，尽管是以零散的方式记录的。

在公元前 5 世纪的伯罗奔尼撒战争期间，伯罗奔尼撒半岛东部和南部、爱琴海

南部岛屿（克里特岛、米洛斯岛和锡拉岛）、多德卡尼斯群岛、小亚细亚西南部和整个大希腊的许多城市也引用了多利安人入侵的说法，为了呼吁他们以共同的多利安遗产来巩固联盟。

尽管这一假设仍有待证实，但正是多利安人摧毁了迈锡尼世界。但也有提到神秘的入侵者，他们播下一片毁灭之云，蹂躏小亚细亚海岸："你写信给我说，敌人已经在海上被发现了。即使确定我们看到了敌舰，请坚持下去。你的部队，你的战车，它们在哪里？可听你派遣吗？在威胁你的敌人的背后吗？加固你的堡垒，将你的部队和战车在堡垒面前一字排开，坚定地等待敌人的到来。"

这封信来自乌加里特（今叙利亚沿海城市）的文献记载，是写给乌加里特国王的。如果记录这封信的泥板和其他许多

战车

这个描绘战车的战斗场景装饰着公元前16世纪下半叶的墓碑。发现于迈锡尼墓圈（现藏于雅典国家考古博物馆）。

“海上民族”：神秘的征服者

神秘的袭击者被称为“海洋民族”，在青铜时代末期，即公元前1200年左右，在地中海东部挑起了纠纷。他们的入侵与迈锡尼王国和赫梯帝国的灭亡时间吻合。这些神秘的征服者在赫梯和埃及的文献资料中并不陌生。

尽管“海上民族”的身份迷雾重重，但这一称呼是根据他们的起源地或目的地得来的。因此，人们提到了定居在撒丁岛的施尔登人和西西里岛的西库尔人。就他们而言，巴勒斯特人是《圣经》中的腓力斯丁人，巴勒斯坦的地名就出自这里。《伊利亚特》为我们提供了关于他们最有趣的信息：如果达奈人（荷马对希腊人的称呼，还有亚该亚人）直接对应于达奴人，也许其他身份的族群也同样可以建立起更深层次的联系（比如，埃克万斯人即亚该亚人，阐卡尔人即图克斯人，也即特洛伊人）。

插图 底比斯阿布辛贝神庙的浅浮雕（公元前12世纪），描绘了埃及人俘获巴勒斯特人的场景。

泥板一样都被保存下来，那是因为它们经受住了毁灭乌加里特的大火的炙烤。然后这座城市被遗弃了。迈锡尼王国一定也经受过类似的灾难。

神秘的袭击者

在这片荒凉和破败的景象中，神秘的海上袭击者占据了中心位置。自 19 世纪以来，我们将他们称为“海上民族”。

这些“早期的北欧海盗”在地中海东部的海岸和岛屿上大肆劫掠。他们甚至打败了埃及的法老。在哈布城（Médinet Habou）的拉美西斯三世（Ramsès Ⅲ）的陵墓中，发现了绘有这些好奇的入侵者的浅浮雕，这些入侵者从一个未知的地方通过海路抵达此地。

这座陵墓上镌刻的文字中有这样一段话：“北方人民在他们的岛屿上密谋。他们踏上了征程，一路播下战争的种子。他们的武器所向披靡，所到之处无人能敌。赫梯王国、廓德（Kodé）、卡克米什（Karchemish）、阿尔萨瓦（Arzawa）和阿拉西亚（Alashiya）顿时全军覆没。他们在阿穆鲁（Amurru）安营扎寨，屠杀当地居民，让该地区仿佛从未存在过。他们向埃及进发，战火已在他们面前点燃。他们的联盟包括巴勒斯特人（Peleset）、阐卡尔人（Tjekker）、舍克利斯人（Shekelesh）、达奴人（Denyen）和乌尔萨萨人（Ouashasha）。这些民族团结一致。他们将双手伸向地球的正中心，心中充满信心，确信：我们的计划终将大获全胜。”

其他较短的铭文中枚举了这些点燃战火的入侵者。还提到了其他 4 个民族：施尔登人（Shardane）、卢卡人（Lukka）、埃克万斯人（Ekwesh，或阿卡亚人（Akawasha））和特雷什人（Teresh）。传说只提到了巴勒斯特人。《圣经》指出，巴勒斯特人是巴勒斯坦的腓力斯丁人，他们来自迦斐托岛（Kaphtor），该岛可能与克里特岛合二为一。若不深究对其他“海上民族”的身份提出的各种存疑，我们可以说出它们各自名称所附带的含义。达奴人这一名字很容易让人联想到荷马在《伊利亚特》中用来表示英雄的“danaoi”（达奈人）一词。

如果他们之间确实存在关系，或许也可以将埃及人所说的埃克万斯人或阿卡亚

勇士花瓶（上图）

这只迈锡尼陶瓷的年代测定未有定论，最普遍的说法是公元前 12 世纪。瓶身人物也仍有争议。根据解释，他们可能是多利安人、迈锡尼士兵或属于“海上民族”（现藏于雅典国家考古博物馆）。

人与赫梯文献中提到的亚锡雅瓦人联系起来，也即阿凯亚人（亚该亚人）？我们能否在万舍斯人（Weshesh）和赫梯人称为维鲁萨（Wilusa）的城市之间建立联系，该城市可能是“（W）ilion”或伊利昂（特洛伊的别称，也是《伊利亚特》书名的由来）？阐卡尔人不是别人，正是特洛阿城（Troade）的图克斯人（Teucres），也就是荷马作品中的特洛伊人（Trojans）吗？

青铜时代的终结

这些假设并不能得到完全验证。但是提到了青铜时代末期的主要人物：正如我们所见，亚该亚人或迈锡尼希腊人不断与赫梯王国及其势力范围内的领土发生争执。

地震、饥荒、赫拉克勒斯的后裔复仇归来或所谓“青铜时代的维京人”的到来：所有这些假设都有待证实。只有一件事可以确定：迈锡尼文明的衰落发生在一个极其动荡的时期。

东地中海是一个名副其实的火药桶，其最典型的特征就是动乱。约公元前1200年，没有出现成吉思汗或阿提拉等人物来改变世界的面貌，而是一系列风云变幻的军事行动和交锋引发了剧变。另一个确定性因素是标志着这一历史性转变的大规模移民运动。考古学和神话罕见地一致指出，整个民族逐渐或突然到达这个地区，无论他们是“海上民族”还是后来被称为多利安人的“赫拉克勒斯的后裔”。

归根结底，这是历史的一个阶段，在此期间，事物的秩序发生了变化，青铜时代的伟大文明只能眼睁睁地看着他们盔甲的光辉在一种不那么贵重但更锋利的新的金属的攻击下黯然失色：铁器。很久以后，在4个黑暗的世纪之后，荷马将以天才之资记叙下亚该亚人的功绩。他们是古代迈锡尼的军事首领吗?

档案：特洛伊的发现

特洛伊在时间的重压下被遗忘，因海因里希·施里曼的研究而在历史长河中重现。他的成果将特洛伊城堡升华到了神话的高度。

距离恰纳卡莱海峡不到 5 公里处，矗立着希沙立克山（Hissarlik），其高 40 米，面积 30000 平方米。希沙立克山俯瞰着迈锡尼时代驶往黑海的船只的通道，为控制欧洲和亚洲之间的海上交通提供了战略位置。这

一场挑战的历史

德国商人和考古爱好者海因里希·施里曼梦想能发现荷马所吟唱的神话般的城市。他将全部精力和大部分财产都投入这一计划。他不仅发现了特洛伊遗址，还发现了迈锡尼和梯林斯遗址。

特洛伊山丘及其连续重建

在特洛伊发现了10座叠加的城市，这些城市形成了一个人造山丘（tell），人称希沙立克。在近东地区，由于战争、自然灾害或其他原因而遭到破坏后，在同一个地方重建确实是常有之事。左图为特洛伊遗址鸟瞰图，上图由施里曼在挖掘时绘制。

个遗址一定是在很久远的时候就受到重视的：在这个遗址上发现了可以追溯到公元前 3000 年的人类占领痕迹。正是在这里，研究人员想要找到传说中的伊利昂遗址，伊利昂是荷马给特洛伊城起的名字。

古希腊人从未怀疑过因为海伦的美丽，希腊军队不惧强大的特洛伊城对特洛伊军队发动战争的史实。但是从中世纪开始，特洛伊城就消失了。与此同时，人们忘记了普里阿摩斯国王坐拥的这座真实存在的壮丽城市，而非仅出现在荷马的虚构作品之中。

从 18 世纪末到整个 19 世纪，学者们开始研究它的确切位置。根据荷马提供的蛛丝马迹，历史学家一开始认为它位于一座名为布纳巴希（Bunarbashi）的小山上，距离土耳其西北部的恰纳卡莱海峡也只有几公里。

英国驻该地区领事弗兰克·卡尔弗特（Frank Calvert）驳斥了这一假设，并前往附近的一座山丘希沙立克。他试图代表大英博物馆进行现场发掘。但为他的生意融资所需的资金一直没有到位，卡尔弗特最终用自己的钱买下了希沙立克的北部地区。

施里曼的梦想

卡尔弗特发现了一些遗迹，其中包括青铜时代末期（公元前 13 世纪）的堡垒和城墙，当时古人找到了《伊利亚特》中提到的战争。这里是传说中的城堡吗？1865 年，由于缺乏继续挖掘的财力，他无法证实自己的直觉，将特洛伊发现者的头衔留给了别人。

德国的海因里希·施里曼（1822 年—1890 年）是一位才华横溢但不择手段的商人和业余考古学家。他声称，从 7 岁起，他的梦想就是发现荷马吟唱的这座传奇城市。他首先在加利福尼亚淘金热期间，然后在克里米亚战争期间积累了巨额财富，便开始将自己的梦想变为现实。

1868 年，他在妻子索菲亚的陪同下抵达恰纳卡莱海峡。施里曼做的第一件事就是见到最了解该地区的人弗兰克·卡尔弗特。卡尔弗特向他指出了他挖掘的确切位置，甚至授予他在属于他的山丘挖掘的权利。

1871 年，海因里希·施里曼开始了一系列针对希沙立克的攻势，这将使他成为这座神秘城市传奇的一部分。施里曼的决心更甚于其考古知识，他在山的中央开辟了一条 36 米宽的巨大壕沟，并试图到达它的底部，并没有因挖掘过程中的遭遇而停下。

在山的中心，施里曼最终发现了一座小城堡，显然被大火烧毁了。他相信自己在这座“被烧毁的城市”中认出了被湮没的特洛伊城。他以《伊利亚特》为指南针，继续将这些遗迹与荷马提到的那些地方一一对应。

卡尔弗特认为这不可能是特洛伊城。这些怀疑招来施里曼的敌意，从那时起，施里曼就不再在他的著作中提及卡尔弗特的名字。施里曼的助手威廉·德普费尔德

普里阿摩斯宝藏

索菲亚·施里曼（右）在这张照片中展示了她丈夫在特洛伊发现的一些珠宝。当海因里希·施里曼于1873年5月31日发现这些珠宝时，将其视为普里阿摩斯的传奇宝藏。“这堵墙，”他后来写道，“随时都有倒塌的危险，但看到这么多物品，每一件都具有不可估量的考古价值，让我变得大胆……然而，如果没有我亲爱的妻子的帮助，我是不可能发掘出这座宝藏的。”如果，正如他后来承认的那样，他的妻子实际上在雅典，那么他实际上已经发现了近9000件物品（上图是物品的样本，在发现时拍摄）。在柏林展出的宝藏于1945年消失了。它们实际上被运往莫斯科并秘密保存在一个保险库中，直到20世纪90年代。

（Wilhelm Dörpfeld）同意卡尔弗特的观点，他向施里曼指出，他们发现的遗迹可追溯到荷马书中的特洛伊时代之前 1000 年，也就是公元前 13 世纪末。

荷马的特洛伊

事实上，施里曼的发现是非凡的：他在这座山上发现的不是一座，而是十座城堡（按照别种分层方式为九座）。它们遭到掠夺或摧毁，已经在这些地方堆积了近 4500 年。从新石器时代奠基到拜占庭时期，特洛伊城被人类占领的时期经历了 9 个或 10 个阶段，包括 47 个细分。

由于缺乏技巧，并且在山脚下就急着发现《伊利亚特》中的特洛伊，接受过考古学训练的施里曼摧毁了上层的很大一部分。不幸的是，他不甚小心谨慎的考古行动影响了对特洛伊问题的理解和解释。

然而，施里曼终将这座失落的城市从传说中解救了出来，这足以让他在历史上占有一席之地。然而，一个问题一直萦绕在他的脑海中：在所有这些重叠的城市中，荷马吟唱的是哪一个？他永远也不会知道了，因为他在原定于 1891 年进行的新一轮挖掘活动前一年就去世了。

首次尝试解开这个谜团的是威廉·德普费尔德，他在山的南侧发现了一堵长 550 米、厚 5 米、高 8 米由石块砌成的墙。这一层是特洛伊Ⅵ，被塔楼和宏伟的城门占据，就像在东部被防御墙和大型堡垒保护的那座一样。南面还有一座气势恢宏的城门，有塔楼和城楼作为防御工事。城楼面向一条进入城堡的宽阔堤道。

城市内部同样壮观：建筑物矗立在梯田上，呈台阶式排列。视角聚焦到城堡的顶部，那里可能会通往荷马提到的上城（帕加马）。然而，假设这座城市真的存在，它肯定已被摧毁，后被希腊化时期的雅典娜神庙所覆盖。

科学的考古学

尽管如此，当我们看到德普费尔德的特洛伊Ⅵ时，荷马对这座城市的形容（“宽阔街道的特洛伊”“被风摇曳的伊利昂”……）就具有了全部意义。此外，发现的

青铜时代的大型集聚区

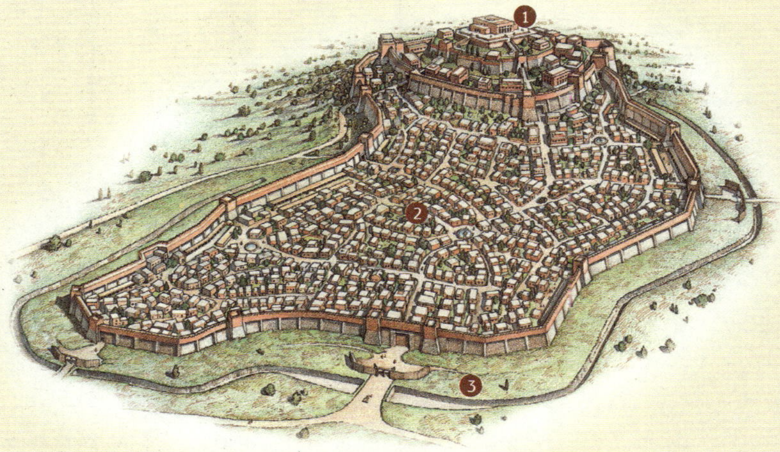

特洛伊Ⅵ建于公元前1800年至公元前1300年间的希沙立克。它建在早期城市的遗迹和地基上。它的规模和人口使其成为小亚细亚的样板城市。外部筑有城墙和壕沟，旨在防御战车通过，表明居民非常清楚城市的战略位置以及它可能引起潜在攻击者的觊觎。

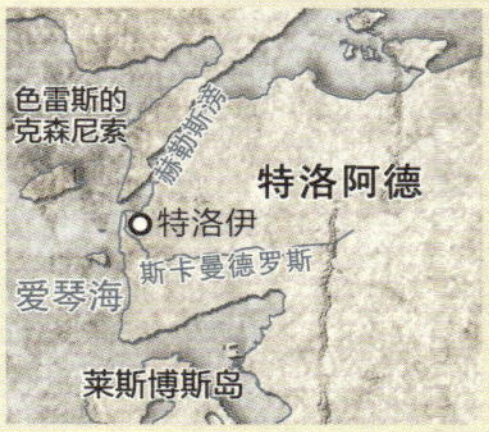

❶ **帕加马或上城**　城堡的上部（荷马称为“帕加马”）汇集了宗教和行政建筑，由一座大部分用石头建造的巨大城墙包围。这座城墙包括几个大门，在东北和南部两侧是塔楼和堡垒。建筑物建在梯田上，呈台阶式排布直至山顶。

❷ **下城**　在外城墙和上城（行政中心）之间是手工艺者（陶艺家、铁匠等）和其他普通民众的住宅和作坊。有些房屋有一座块石铺面的庭院，用来打谷。人们在可通过木楼梯爬上去的屋顶露台上晒干水果和蔬菜。

❸ **壕沟和城墙**　与上城一样，下城——以及整个集聚区——也受到保护。城墙和壕沟形成了双重防御体系。护城河宽达4米，为抵御当时的主要战斗武器战车通过。一座坚固的塔楼保护着城门，整座城墙建成锯齿状。

特洛伊：10 座叠加的城市

特洛伊 Ⅰ（约公元前3000年—公元前2500年）

这座城市最古老的一层可以追溯到青铜时代初期。当时的居民使用铜器、石器和骨头等工具。

特洛伊 Ⅱ（公元前2500年—公元前2300年）

有城墙，占地更广，证明了生活水平的提高。施里曼误以为其为传说中的特洛伊。

特洛伊 Ⅲ（公元前2300年—公元前2100年）

特洛伊Ⅱ被大火烧毁后，特洛伊Ⅲ象征着一段颓废时期，在此期间，人们试图恢复以前的生活水平。

特洛伊 Ⅳ—Ⅴ（公元前2100年—公元前1800年）

相对贫困的情况继续存在。特洛伊Ⅴ的新居民带来了新的活力，但恢复失去的辉煌需要时间。

特洛伊 Ⅵ（约公元前1800年—公元前1300年）

特洛伊的权力巅峰。拥有1万名居民，是当时较大的城市之一。相当于神话中的特洛伊。

特洛伊 Ⅶ（公元前1300年—公元前1000年）

受到敌人的攻击，靠墙的小房子取代了大型建筑物。

特洛伊 Ⅷ（公元前700年—公元前85年）

希腊伊利昂。特洛伊成为希腊殖民地。约公元前480年，波斯国王薛西斯到访，公元前334年，亚历山大大帝到访。

特洛伊 Ⅸ（公元前600年）

罗马统治时期。罗马皇帝多次到访。相传，埃涅阿斯从特洛伊逃出，然后建立罗马城。

特洛伊 Ⅹ（公元1000年以后）

作为拜占庭主教所在地，这座城市逐渐失去了关于辉煌过去的记忆，特洛伊城终于湮没。

特洛伊木马 陶制双耳瓶颈部细节，可追溯至公元前 7 世纪（现藏于米克诺斯考古博物馆）。

陶瓷遗迹在这一层为特洛伊和迈锡尼世界之间建立了直接联系。最后，德普费尔德观察到这座城堡已经毁于暴力。正如他将其追溯到公元前 1500 年至公元前 1000 年那样，他宣布结束关于特洛伊战争存在的争议。

37 年后，卡尔 · 布莱根（Carl Blegen）使用更复杂的地层学技术，对该遗址进行了另一次迄今为止最完整的解读，并确定了新的细分。据他的研究发现，不是人为，而是一场地震摧毁了堡垒，随后立即重建。

这个新的伊利昂被称为特洛伊Ⅶ a（现在的特洛伊Ⅵ i），没有特洛伊Ⅵ的威严。粗糙的棚屋建在宽敞的堤道周围，旁边是埋在地下的罐子，用来储存食物。整体给人的印象是一座被围困的城堡。

但冲突的痕迹微乎其微：一些瓦砾、火灾的残迹、一具头骨被压碎的骷髅和一支独箭。这并没有阻止布莱根确信“确实存在历史上的特洛伊战争，即迈锡尼亚该亚人的联盟在公认至高无上的君主的权威下，与特洛伊人及其盟友作战。”

今天出现的问题是，在德普费尔德和布莱根的发现之后，《伊利亚特》的特洛伊是从山脚下发现的第六座还是第七座城市。特洛伊Ⅵ（约公元前 1300 年）的遗迹唤醒了一座被城墙包围并被强烈地震摧毁的强大城市。特洛伊Ⅶ a（今天的特洛伊Ⅵ i）在前一个被毁坏后立即重建，呈现出攻击者洗劫和火灾的痕迹（约公元前 1250 年）。但是，鉴于这两座城的规模都很小，人们无法确认他们是否符合神话。

最后的挖掘

1988 年，由德国—土耳其考古学家曼弗雷德 · 科夫曼（Manfred Korfmann）领导的一个团队透露，特洛伊并不是为了控制海上交通而窥伺北方，而是实际上窥伺西南，朝向贝西卡湾，那里停靠着躲避暴风雨的船只。海湾为这座城市带来了重要的经济价值，使其成为位于地中海和黑海之间、东南欧和小亚细亚之间的贸易中心。

经过广泛的研究，曼弗雷德 · 科夫曼还发现特洛伊Ⅵ城墙脚下有一座城市。占地 27 万平方米，居民不少于 1 万人。在青铜时代的安纳托利亚或希腊，没有其他城市可以与这座城市相提并论。很明显，伊利昂不是对迈锡尼王国的模仿，而是一个窥伺安纳托利亚的国家，安纳托利亚是在恰纳卡莱海峡地区拥有商业利益的民族的重要中心。根据《伊利亚特》的说法，这些人是飞来营救特洛伊的。

所有这一切只会重现一个巨大的谜团：特洛伊战争在荷马史诗之外的地方真的发生过吗？

克吕泰涅斯特拉与卡珊德拉

在这块来自阿尔戈斯赫拉神庙（公元前7世纪）的青铜板块上，阿伽门农国王的妻子克吕泰涅斯特拉杀死了女先知卡珊德拉。

插图（右侧） 同时期的原科林斯陶罐碎片（现藏于阿尔戈斯考古博物馆）。

从黑暗时代到古希腊城邦

所谓的“黑暗”世纪对应于从迈锡尼王国灭亡到古希腊城邦（polis）出现之间的400年。这一时期的特点是几乎完全没有历史痕迹。然而，这些黑暗时代绝非无足轻重，而是出现了许多构成古典时期希腊世界框架的元素。

文字的消失、纪念性建筑的缺失和具象艺术的衰落构成了一个不言而喻的背景，尽管如此，这样的背景在希腊的演变中仍具有决定性的意义。迈锡尼社会崩溃与古希腊城邦出现之间的400年，登场了一系列深刻的地理、政治、社会和文化变革。

这些转变在《伊利亚特》和《奥德赛》等作品中留下了印记。一些考古遗迹，例如，埃维亚岛上的勒夫坎第（Lefkandi）村庄遗迹，也为这段文献空白带来了一些

从黑暗时代到古希腊

约公元前1100年

青铜时代晚期 建立希腊小型地方社区。希腊移民到达伊奥尼亚。

约公元前1000年

多利安的扩张 多利安血统的希腊人在希腊大陆（主要在伯罗奔尼撒半岛）和地中海岛屿定居。

约公元前950年

勒夫坎第（埃维亚岛）纪念碑的建造 这是一座献给英雄的圣地。

约公元前900年

人口增长 建立新的希腊集聚区。商业贸易和手工业发展。

约公元前800年

希腊字母表 希腊人采用和改编腓尼基字母。修建首批供奉神灵的庙宇。

约公元前776年

奥林匹克运动会 奥林匹亚泛希腊圣地举办了传统上公认的第一届奥林匹克运动会。

知识元素。一方面，它们证明希腊人采用了另一种社区生活组织；另一方面，它们流露出对过去的强烈眷恋，表现在对英雄的崇拜，在城邦的构成中发挥了重要作用。

正如荷马和赫西俄德在诗歌中所描述的那样，在公元前 8 世纪左右，继古老的社区之后，一种催生了希腊城邦的新的社会关系模式出现了。必须从其机理构型和社会组织的角度来理解它，因为很早以前，各个希腊城市都采用了自己的价值观和法律体系。

尽管它们渴望独立，但它们总是被一种共同文化的归属感、共同的神灵、可敬的荷马的教义，以及德尔斐神谕和其他泛希腊圣地的频繁出现联系在一起，以稳固城邦的未来。因此，很大一部分的决定性文化元素是在希腊世界被组织起来的这 4 个世纪的漫长时间跨度中形成的。

穿越黑暗时代

在伟大的迈锡尼堡垒被毁之后，400 多年来，希腊土地上再也没有建造过纪念性的石头建筑。在

科林斯的阿波罗神庙

科林斯是黑暗时代及随后时期较有影响力的希腊城市之一。根据传说，西绪福斯创建了该城，取名埃菲尔，并成为第一位君主。这个城邦的领土超过 880 平方公里。这一时期的庙宇是典型的多立克柱式。

此期间，物质文化似乎已沦为无足轻重的表现形式。然而，足以表明希腊是入侵和人口流动的受害者，这导致了一种极其不稳定和半定居的生活方式。由于缺乏青铜时代结束后关于希腊生活的史料，历史学家将这段从公元前 12 世纪到公元前 8 世纪的时期称为“黑暗时代”。

在这段时期，告诉过我们很多关于迈锡尼社会的文字不再使用。它没有以另一种字母系统的形式再现，直到 4 个世纪后因海上贸易才重新出现。事实上，地中海的商业贸易已经少之又少，同时也导致了迈锡尼辉煌的终结。从前王室墓葬里有丰富的青铜、金、银或象牙物件，而黑暗时代只有粗制滥造的陶器（被称为“亚迈锡尼陶瓷”)，部分样本已在公元前 11 世纪的墓葬中发现。

这段困难时期的特点是运动。不是各民族之间思想和文化交流的流动性运动，而是由必然性驱动的残酷的移民潮。移民潮（多利安移民是前一个世界消失的结果，而不是其原因）驱散了希腊人。

这种分散导致权力去中心化，使得希腊人无法聚集起来，协力开展大型建筑工程。这是史料缺乏的主要原因，在考古学中，史料是繁荣程度的标志。在希腊的大部分地区，人口下降了 50% 以上，在某些地方，这一下降甚至达到了不可思议的 90%。

修昔底德在《伯罗奔尼撒战争史》中对这些人口迁移进行了如下分析：“现在所称为希腊的地区，在古时候显然没有定居的人民；相反地，移民运动频频发生，各部落在受到那些比他们更为强大的部落的压迫时，他们总是准备放弃自己的家园……；这样，他们相信在别处也和在这里一样，可以获得他们每日的必需品，所以他们对于离开他们的家乡也没有什么不愿意的；因此，他们既没有建筑任何或大或小的城市，也没有取得任何重要的资源……

“因此，阿提卡因土地贫瘠，自古以来就没有内部纷争，这里的居民也从未发生改变。……希腊其他地方因战争或内讧而被驱逐的那些最有势力的人，求助于雅典人，把阿提卡作为一个安全的避难所。在早期时代，他们归化入籍，使原本众多的城邦人口迅速膨胀，后来以致阿提卡面积太小，容纳不下这么多人，最终不得不派遣移民到伊奥尼亚去了。”（《伯罗奔尼撒战争史》，第一卷，第二章）

铁器的统治

考古发掘证实了这位雅典历史学家的著作。阿提卡一直处于系统性破坏浪潮的边缘，并没有经历与其他地区一样的剧烈破裂。由于它对大海的开放，它与外界保持着联系。这也是在希腊世界产生巨大反响的现象的起源：“第一次殖民化。”也就是说，公元前 1050 年左右，希腊人在爱琴海岛屿和小亚细亚西海岸定居。修昔底德将这片领土称为伊奥尼亚，是整个希腊历史中发挥重要作用的领土之一。

荷马所说的“锻铁”技术的采用在一定程度上推动了社会的发展。由于铁很容易从地下开采，掌握了这项技术，希腊人就可以制造各种武器和工具。这种新金属将成为一个新时代的基本材料：大约在公元前 950 年，希腊进入铁器时代。

尽管《伊利亚特》主要吟唱了对早期时代的怀旧之情，但它仍然强调了铁的重要性。如果与久负盛名的青铜武器相比，铁器总是处于次要地位，那么在荷马创作史诗的时代就已然不能忽视铁的主导地位。

由阿喀琉斯为纪念帕特洛克罗斯而举行的葬礼赛会的段落证实了这一点。当时给予获胜者的奖品是一大块铁。“即使他的肥田沃地离家宅很远，有了这块铁，他 5 年不用担心缺铁。如果他的牧人或耕夫需要铁，他们用不着进城去取，就贮在手边。”（《伊利亚特》，第二十三章）

按理说，这种技术进步伴随着更高质量的艺术作品。于是，拙劣的亚迈锡尼陶瓷证明了公元前 11 世纪的颓废，而公元前 1050 年至公元前 900 年制作的花瓶比例高雅、精致对称，证明了当时巨大的文化和物质财富。由于这些作品的抽象装饰，这一时期被称为“原始几何”：水平线、横条纹、半圆形，以及用圆规而不是徒手绘制的圆。因此，这些物品反映了整个希腊领土本身对秩序的品位和对意义的追求。

当时，像科林斯或雅典这样的城市有超过 1000 名居民。正是在雅典，重生的道路上产生了决定性的冲动。大约在公元前 900 年，主要出现在陶瓷上的装饰圆圈

勒夫坎第出土的半人马陶俑

在埃维亚岛上的勒夫坎第考古遗址发现，这件赤土陶器（约公元前900年）是黑暗时代留给我们的少数作品之一（现藏于埃雷特里亚考古博物馆）。

演变成随后时期著名的回纹饰和之字形，更为精细，被称为“几何”。这是一个新时代的开始，值此，手工艺人开始为当地市场和出口生产奢侈品。诞生于雅典的几何风格迅速传遍了整个希腊。

也有具象的表现形式，主要是马和鹿，甚至还有以三角形躯干为特征的简易人物。尽管几乎没留下历史痕迹，但生命在黑暗的几个世纪中延续着。在某种程度上，对于希腊文明来说，这个时期等同于黎明之前的不确定时刻。

荷马式的社区

紧随宫殿社会崩溃的衰落期之后，农村社区的生活逐渐恢复。在农村社区的生活中，精致和繁华的痕迹并没有完全消失。实际上，我们在勒夫坎第（在埃维亚岛上，该地区可能对应于埃雷特里亚）发现了一座建于公元前 1000 年左右的建筑，长约 50 米（也就是说，它是在黑暗时代建造并保存至今的最大建筑），这座建筑用于存放当地著名精英成员“巴赛勒斯”的遗骸，埋在他身边的武器和其他贵重物品也证实了这一点。

挖掘发现了一名 40 多岁男子的火化遗骸。骨头被保存在裹尸布中，裹尸布被放置在可能是塞浦路斯出产的青铜瓮中（这表明存在长途贸易往来）。墓葬中还有一具女性的遗骸，可能是他的妻子。她约莫 30 岁，戴着项链和金戒指。与遗体一起发现的带有象牙柄的铁刀表明她是因献祭而死。在附近的一个墓坑里还发现了 4 匹马，肯定是在他们的主人身边被烧死献祭的。

这座墓葬可能是英雄的圣地（hérôon），而埋葬在那里的人物在死后无疑获得了应得的荣誉。根据“英雄”（hêrôs）一词的词源意义，这名“半神”或“军事首领”因其在战斗中的杰出贡献而获得了“社区领导者”这一荣誉称号。

在《伊利亚特》中，阿喀琉斯以类似的方式为英雄帕特洛克罗斯举行了葬礼：在将他火化后，他将他的遗骸放在一个骨灰盒中并献祭了几匹马。此外，他实施了荷马所谴责的野蛮行径，他将 12 名年轻的特洛伊贵族战士绑在火刑柱上实行了人祭。

“阿特柔斯之子和阿开奥斯全军众首领，你们首先用暗红色的酒浆把焚尸堆所有的余烬浇灭，然后我们收殓莫诺提奥斯之子帕特洛克罗斯的骨骸，大家要仔细辨认，不过也很容易识别：帕特洛克罗斯的尸体安放在火葬堆中央，其他的人和马混杂地堆放在火葬堆边沿。我们把他的所有骨骸装进黄金罐，用双层脂肪封紧，等待我自己沉入死亡的那一天。”（《伊利亚特》，第二十三卷）

荷马的时代错误

很显然，荷马史诗更大程度上是诗歌文学，而非历史史实。尽管《伊利亚特》和《奥德赛》美化了青铜时代的记忆，但诗人有时会忘乎所以地介绍他所处时代的细节，即公元前 8 世纪。因此，除了少数例外，荷马时期的杰作——青铜是卓越的作战金属。诗人将铁与不太知名的工具归在一起。然而，考古发现表明，铁在当时的军事领域及日常生活中已经取代了青铜。

同样，荷马也将他那个时代的制度投射到过去：他笔下的英雄们的生活和行为都像青铜时代的军事首领，但死去后，他们就不会像施里曼认为他认出的阿伽门农国王那样被埋葬。就像我们刚刚提到的帕特洛克罗斯一样，他们是按照诗人当时的习俗火化的。

在权力领域也存在时代错误。宫殿制度的崩溃导致迈锡尼国王倒台，他们位于社会金字塔的顶端，统治着大片地区。现在轮到他们以前的附庸“巴赛勒斯”（最常被认为是荷马英雄的头衔）来管理新的农村社会。

正如荷马史诗所反映的那样，在战时和和平时期，“巴赛勒斯”是领导人民的地方权贵，带领着伙友骑兵（hetairoi）。他们在任何情况下保持权威的能力都取决于他们的权力。否则，他们就有可能被取代。

这种权力关系揭示了《奥德赛》的背景：奥德修斯未归，其父亲拉埃尔特斯年迈力衰，退居乡间，其间，年轻的贵族子弟觊觎奥德修斯之妻珀涅罗珀和他所拥有的地方权力、宫殿和家产。奥德修斯的独子忒勒玛科斯无力与之抗衡，因为缺乏作战经验和忠诚的同伴的支持（因为所有人都与他的父亲在一起）。

他感叹道：“众求婚人纠缠着我母亲，虽然她不愿意，那些人都是这里的贵族们的亲爱子弟……他们自己却每天聚集在我的家里，宰杀许多壮牛、绵羊和肥美的山羊，无所顾忌地饮宴，大喝闪光的美酒，家产将会被耗尽，只因为没有人能像奥德修斯那样，把这些祸害从家门赶走。我们也无法像豪强的人们那样自卫，即使勉强地行事，也会是软弱无力的。如果我能力所及，我定会回敬他们。事情已忍无可忍，我的家已被他们糟蹋得不成样子。你们应心怀义愤，愧对其他邻人和居住在周围地区的人们。”（《奥德赛》，第二卷）

事实上，“巴赛勒斯”并不拥有“瓦纳克斯”一样绝对和无可争辩的权威。“巴赛勒斯”只是在同辈之中身份尊贵。在《伊利亚特》中，即使不会招致祸害，阿伽门农也不能将自己的意志强加给阿喀琉斯。他也不能反对军队，全军集体表达了返

古代陶瓷

迈锡尼文明灭亡后，陶瓷艺术大为衰落。几何风格的逐渐出现赋予了它新的活力。装饰中引入了人物形象和风格化的场景，比如这个公元前8世纪的双耳瓶（现藏于雅典国家考古博物馆）。

❶ **新的形状** 在几何时期，迈锡尼的风格形态被重新审视，以更多的动态式样丰富了平行的横条纹。

❷ **荷马场景** 装饰包括各种类型的形象场景。右图的双耳瓶上绘有类似于荷马诗歌中描述的战车。

❸ **之字形楣板** 双耳瓶颈部饰有重复几何条纹，与棋盘格纹交替出现。这种装饰风格因此得名。

❹ **人像** 人物形象通常是模式化的简笔画，在几何时期晚期装饰中占有突出地位。

原几何陶瓷

这种几何风格以前的陶瓷是黑暗时代初期的典型特征。该花瓶发现于马其顿的迪翁（Dion）陵墓，绘有特色的线条和圆圈（现藏于迪翁考古博物馆）。

荷马与伟大的希腊史诗《伊利亚特》与《奥德赛》

西方文学诞生于荷马的诗歌作品《伊利亚特》和《奥德赛》，文学传统向我们展示了一位可敬的盲人吟游诗人的形象。诗篇创作于公元前 7 世纪至公元前 6 世纪，讲述了特洛伊战争时期的两段故事。故事的主角是迈锡尼希腊人的神话化身。

因特洛伊城又名伊利昂，故名《伊利亚特》。史诗以阿喀琉斯的愤怒为主题，希腊联军统帅阿伽门农和将领阿喀琉斯因为一个女俘起了纷争，阿喀琉斯愤而退出战场。他的退出导致希腊方面连连溃败，情况危急。阿喀琉斯的好友帕特洛克罗斯代其出战战死，以此为契机阿喀琉斯重返战场为好友报仇，最终杀死了特洛伊统帅赫克托尔。《奥德赛》讲述了希腊最伟大的英雄奥德修斯回到家乡的故事。在归途中，他必须面对无数的危险，比如，遭遇海妖塞壬、智斗独眼巨人。这些情节反映出希腊人回归与大海接触的时代。当奥德修斯最终夺回他的伊萨卡王国时，他必须面对觊觎其权力、垂涎其妻珀涅罗珀的贵族子弟——这一主题反映了诗歌创作时影响深远的紧张局势和冲突。

插图 荷马半身像（左图）（现藏于那不勒斯考古博物馆）。石棺上的浅浮雕（右图），绘有公元前6世纪特洛伊国王之女波吕克塞娜被皮洛士献祭的场景（现藏于恰纳卡莱考古博物馆）。

回希腊的愿望：他只能以好言相劝的方式说服他的军队。同样，当他回到伊萨卡时，奥德修斯重新夺回该岛的领导权，不是因为他的政治地位，而是通过屠杀他的对手得来的。

个人只有通过其社会地位、口才、个人魅力和实力才能产生影响。在《伊利亚特》中，特洛伊国王普里阿摩斯恳求阿喀琉斯归还他的儿子赫克托耳的尸体，他的苦苦哀求唤起了阿喀琉斯的同情，还用非常雄辩的言辞

讲述了对于一个“巴赛勒斯”来说，维持他作为“特殊人物”的身份是多么困难。荷马笔下的“巴赛勒斯”，平时是其领土上的首领，战时则与平民处于相对来说更为平等的地位。《伊利亚特》描绘了众人齐聚在战争委员会，每个决定都需要得到所有人的同意。随着“瓦纳克斯”的崩溃，一种平等主义精神在军队中蔓延，随后发展为社会生活的一个突出特点。从某种意义上说，权力不再由一个领导者垄断，而是被置于中心地位，平等共享。

从“瓦纳克斯”到氏族

正如拥有广袤疆域的“瓦纳克斯”让位于各地王公一样，宫殿和围绕它的社会组织也被私人领域（oikos，即家庭及其领地）所取代，归结为家庭核心或氏族（genos，即父亲、母亲、孩子、仆人和奴隶）。一个氏族专注于放牧和耕种他们的份地（kleros，即耕地的地块），努力在一个更广泛的社群，即平民中保持他们的独立性。

荷马笔下的氏族包括一家之主、他的妻子、成年儿子和他们各自的妻子，以及其他亲密的家庭成员。父亲去世后，遗产由每个儿子抽签决定，平均分配（包括私生子，总的来说，私生子分得的财产会少一些）。拥有份地后，每个人定居下来，建立自己的家园。“akleros”，即没有可耕之地的人，可以占有一块贫瘠的无主之地，甚至可以为他人提供服务，而无须支付每日薪水。他当即便成为一名雇工（thète）。

“巴赛勒斯”在奴隶的帮助下开拓领地，这些奴隶有时是贵族出身。典型如《奥德赛》中忠诚的猪倌欧迈俄斯，他被腓尼基商人绑架并出售。作为开拓领地的领导者，奴隶可以组建自己的家庭。因此，奴隶的社会地位高于上述的雇工。

在一段著名的段落中，奥德修斯到访了冥府，在那里他遇到了阿喀琉斯。他选择以短暂的生命换取永恒的荣耀。他向奥德修斯发出悲伤的哀叹：“请不要安慰我亡故，光辉的奥德修斯！……我宁愿为他人当牛做马，在贫农家中被雇受役使，纵然他无祖传地产，家财微薄度日难，也好过统治这些所有故去者的亡灵！现在请说说我那个高贵的儿子的情形：他是继我参战身先士卒了吗？……也请说说你所知道的高贵的佩琉斯。他在米尔弥冬人的各城邦继续受尊敬吗？还是在赫拉斯和佛提亚已无人敬重他，因为他年事已高，双手双脚已不灵便。”（《奥德赛》，第十一卷）

这段话证实了这里强调的两点：一方面，实力——老者的力量无可避免会减弱——构成了一位“巴赛勒斯”的主要品质之一；另一方面，雇工的状态实在是不值得羡慕——这是阿喀琉斯所能想象到的最糟糕的情况。

在荷马的希腊语境中，雇工的生活不仅比奴隶的生活还要糟糕，而且在某些方面比乞丐的生活还要悲惨。奴隶，不幸的受害者，失去了自由。雇工仍然是自由的，但他已经失去了在社会上的地位。像乞丐一样，雇工也依赖慈善，只是乞丐和旅行者一样，受益于宙斯的保护，宙斯确保他们生存。

赫西俄德与大地的美德

如果说《奥德赛》描绘了古代社会的下层阶级，那么强大和卑微的平民之间的冲突总是到此结束，迅速以强者得益告终。诚然，平民的世界不仅在荷马的笔下展开，还属于另一位伟大的史诗诗人：赫西俄德。

在精神截然不同的两部作品《神谱》和《工作与时日》中，他揭示了一种不同于荷马的思想。《神谱》讲述了众神的诞生以及由宙斯统治的奥林匹克秩序的建立，以确保宇宙间的正义。《工作与时日》描绘了农活和从事不同工作的时令。

《工作与时日》远非一本简单的实用手册，而是承载着一种哲学之思，赋予劳作以道德价值。赫西俄德认为，任何人，无论身份地位，都可以选择按照正义女神狄刻的原则生活，或者按照狂妄（Hubris）、过度或不公正的原则生活。这是他按照众神建立的世界秩序得到的启迪。

赫西俄德的作品突出了正义女神狄刻授意的农作的美德和必要，批评了权势者滥用职权，表现为邪恶国王的狂妄自大。在歌颂众神诞生的诗篇中，他表达了一种普遍的正义理念，在《工作与时日》中，他主张将正义应用于日常生活。

荷马的作品没有透露作者的存在和个性，与之相反，赫西俄德根据他自己的经验，或者至少遵从他对诗意的感觉来写作，这取决于他的自传注释的可信度。因此，他在《工作与时日》中透露，在维奥蒂亚，“在赫利孔山附近的一个贫穷村落阿斯克拉，这地方冬季寒冷，夏季酷热，从无风和日丽之日”，他与他的兄弟佩耳塞斯发生冲突。佩耳塞斯通过贿赂“爱受贿赂”的“巴赛勒斯”，一举夺得了他父亲遗赠的份地，而“巴赛勒斯”本应在这场争端中扮演调解人的角色。

新的葬礼仪式

在后迈锡尼时代的希腊，个人葬礼成为惯例。右图描绘的场景可以证明，这幅画绘于一个作为葬品的几何风格的双耳罐上（约公元前 750 年），双耳罐出土自陶瓷陵墓（现藏于雅典国家考古博物馆）。

祭器和竖坑式墓穴在迈锡尼时期早已有之，到了原始几何和几何时期更为普遍，即使集体墓葬仍然在室墓中或以圆形墓圈的形式进行。以前占主导地位的土葬，让位于已经部分普及的火葬。在一些地方，所有成年人都实行火化，但孩童仍然被葬在祭器或瓦罐里。与丧葬仪式有关的英雄崇拜出现在几何时期：墓地里的祭品，有些没有个人色彩（主要是陶瓷物件），有些则放置了私人物品（主要是当圣所献给特定的英雄时）。

鹞鹰和夜莺

在著名的《鹞鹰和夜莺》这则寓言中，赫西俄德巧妙地道出了强者与卑微者之间的差距。国王，“尽管他们心里明白”，以鹞鹰为代表，鹞鹰用利爪生擒了夜莺。夜莺因鹰爪的刺戮而痛苦地呻吟着。这时，鹞鹰轻蔑地对她说道：“现在你落入了比你强得多的人之手，你得去我带你去的任何地方，尽管你是一个歌手。”鹞鹰用这句富含深意的话结束了他的一通说辞：“与强者抗争是傻瓜，因为他不能获胜，凌辱之外还要遭受痛苦。”（《工作与时日》）

如此说后，诗人告诫他的读者和他的兄弟，不公

正的决定，来自强者和卑微者的狂妄，可能会破坏一整个社群的生活。但除了苍穹中高居宝座“无所不见”的宙斯，以及唯一能够维护世界秩序的正义女神，赫西俄德没有提供任何补救措施。

赫西俄德并不反对有权有势之人，但不赞成他们可能通过背离正义女神来行使权力的方式。宣布“错误审判”的“巴赛勒斯”的过失，正如那些挥霍财产而不努力工作的人的疏忽（如他的兄弟佩耳塞斯），都会给他们的城市带来不幸（“往往有甚至因一个坏人作恶和犯罪而使整个城市遭受惩罚的。”）。并在中期内对本人造成灾难性后果。

赫菲斯托斯

他是铁匠的守护神，火与锻造之神。他在青铜时代和铁器时代的文明宗教中发挥了重要作用。因为他瘸腿，人们塑造他的形象时会加一根棍杖。据传说，由于赫菲斯托斯长相丑陋，于是赫拉将他丢到奥林匹斯山下（现藏于麦塔庞顿考古博物馆）。

在整篇诗中，赫西俄德还断言，相比血统或社会地位，财富更易成为傲慢之源，决定个人对公共事务的影响力。通过研究权力形式的演变，我们将看到，这将在整个古风时期得到证实。

黑暗时代的结束与新希腊的出现融为一体。公元前 8 世纪，希腊领土的许多地方见证了政治权力的集中化以及对外开放。对外开放即与地中海的各个贸易站建立完全有益的关系。

自公元前 1000 年以来一直在显现的积极迹象突然增加，原因是出现了标志着古希腊发展的政治和社会框架：城邦。

在迈锡尼王国崩溃之后的 4 个世纪的物质文化黑暗中，新的社会模式得以发展。从中产生出一种新型组织：城邦（polis），该词是“政治”（politique）一词的来源，是所有现代语言通用的。

城邦：公民的国家

随着人口增长、权力逐渐集中在日益强大的贵族手中，以及具有共同和可识别特征（特别是对某些神灵和英雄的崇拜）的集体身份的巩固，被称为“城邦”或——正如其他人所提倡的——“公民国家”在公元前 8 世纪左右形成。

这些“城邦”的出现解释了为什么在古代，“希腊”这个名字并非指一个主权国家，而是一个公民社群（在此期间整个领土有上千个）的集合，社群的规模和自治程度各不相同。

城邦的概念确实是希腊文明的显著标志之一，这就是为什么确定其出现的时间和方式很重要。正如上文已经指出的那样，考古学在公元前 8 世纪中叶证实了这一点，由于社会政治发展，发生了一系列物质转变。其中包括建造神殿等纪念性建筑，以及重新出现在青铜时代末期已被废弃的工艺。

看看荷马诗歌中城邦的含义也很有趣，尤其是在《奥德赛》中。如果在《伊利亚特》中，“polis”一词似乎指的是一座堡垒或延伸到卫城脚下的城市社群或“高地城堡”，那么在《奥德赛》中，城邦确实出现在它所有的城市特点中。

在第六卷中，荷马的作品中最可爱的人物瑙西卡娅公主这样描述费埃克斯人所在的斯刻里亚（群岛）：“这样直到我们快要进城的时候，城市有高垣环绕，两侧是美好的港湾，入口狭窄，通道有无数翘尾船守卫，所有的船只都有自己的停泊埠位。华美的波塞冬神庙附近有一座会场，用巨大的石块建成，深深埋在土里。人们在那里制作黑壳船需要的器具，绞合缆绳，缝制船帆，磨光船桨，我们费埃克斯人不好弯弓和箭矢，却通晓桅杆、船桨和船只的性能，欣悦地驾着它们航行在灰色的大海上！”

神秘而神话般的费埃克斯人，半人半神，几乎是一个乌托邦式的社群，生活在充满怪物的奇妙世界和真正的人类土地之间。但可以肯定的是，荷马的典故很容易被他那个时代的公众识别出来。

即使很难知道荷马笔下的原型是哪座城市，但这段文字可能是诗人创作《奥德赛》时真实城市的反映，也就是公元前 8 世纪末和公元前 7 世纪初。这座城市的特点是它的城墙、精心铺砌的广场、供奉神灵的神庙，最好的情况是有港口，港口是城邦繁荣的决定性因素，当时希腊人与海洋关系密切。

广场：城市的心脏

正如荷马在诗中所提到的，在士麦那（在古代被认为是诗人的摇篮，诗人可能受此启发勾画出了瑙西卡娅所描述的城市），考古学已经证实存在一座由城墙围绕的城市。一段建于公元前 1000 年的坚固城墙和 100 年后的翻修情况得见天日。然而，很少有考古发现表明这些城市在公元前 800 年以前就有城墙。

相反，直到相对较晚的时期（公元前 6 世纪），城墙才成为希腊景观的典型。但是，如果认为城邦仅限于由我们刚才描述的元素组成的城市核心，那就错了。事实上，城邦也包括一片农村地区（chôra），有时包括许多村庄。

城市的神经中枢是广场。人们在广场进行各种交易，处理城市事务。因此，广场被认为是古典城邦较容易识别的元素之一。

希腊首批城邦的地主、雇工和奴隶

在迈锡尼希腊的政治和经济结构崩溃之后，出现了一个新的社会组织。宫殿权力中心让位于贵族庄园或私人领地。很快，统治这些领地的贵族家庭与农民、工匠和船员等平民阶层建立了保护和义务的纽带，从而建立并巩固了他们的权力。

即使第一批城邦的社会不平等不如迈锡尼时期的城市那么明显，但是也不应该被低估。农业土地所有权当然是社会分层的主要标准。奴隶在大农场干活，他们作为战利品被掠夺或从商人那里购买。有意思的是，许多农民的生活条件可能不如一些奴隶的生活条件。奴隶可以积累财富，而农民几乎被剥夺了权利。毫无疑问，在自由人的状态和奴隶的状态之间存在着许多中间状态。由于提高土地生产力的压力，这些弱势群体的命运随着贵族财富的增加而恶化。

插图 一个人和一群牛的陶俑，公元前7世纪至公元前6世纪（现藏于巴黎卢浮宫博物馆）。

但是，“agora”这个词，最初的意思是“会议”或“集会”（如在《伊利亚特》中的意思），是什么时候用来指定一个地方的呢？对此，考古学家无据可考，因为它原本是一个简单的开放空间。只有在古典时期，这个空间才被纪念性建筑完美地划定出来，例如柱廊（stoa）和神庙。这就是为什么几乎不可能确定古风时期广场的外观的原因。

向大海开放（第 83 页）

这是第一批城邦的基本特点之一。

插图 纳克索斯阿波罗神庙的大门，建于公元前 6 世纪。

广场不仅是城市的中心，还是这种新政治模式的象征，也是演讲的场所。城邦制度实际上暗示了话语比任何其他权力工具都具有优越性。话语的力量，以拥有说服的力量的劝说女神珀托（Peitho）为象征，起源于宣读法令的皇家的旨意，或神谕中表达的神灵的话语。但它

大都会与殖民地

人口增长推动了殖民者离开，他们建立了新的商业中心。他们远离他们的原籍城市（大都市），在独立发展的同时复制了其政治组织。这就是希腊习俗传播的方式，例如，手工技术或钱币的使用。

插图 拉着特洛伊木马的男人，发现于公元前7世纪西西里出土的陶瓷碎片（现藏于锡拉丘兹考古博物馆）。

城邦：一种新型社群

希腊的地理环境——岛屿众多，丘壑纵横，地势起伏，海岸线蜿蜒曲折——有利于第一批城邦和一种新的经济社会结构的出现。天然的隔离促进了地方权力中心和海上贸易的发展。居民共同生活，主要以养羊为生。土地的所有权归于农业贵族，顺从的农民为他们工作。手工生产的恢复也促进了城邦的扩张。

❶ **圣殿** 圣殿是城邦的主要宗教建筑，矗立在卫城中。最常见的形式来自迈锡尼宫殿。殿内有一座神像和一些供品。

❷ **政治集会广场** 这个被门廊包围的巨大广场是讨论社群事务、组织公众示威和执行正义的地方。

❸ **城墙** 城墙保护居民免受入侵和抢劫。标志着城市群与周围乡村之间的界限。

❹ **作物** 基本作物为适应地中海气候的小麦、葡萄藤和橄榄树等。橄榄树是阿提卡最丰富的树种，也是雅典娜女神的象征。

❺ **港口** 海岸的构造决定了天然港口的位置，有时被堤坝围住，只容许小型船只停靠。商业交流便起源于此地。

赫西俄德：希腊宗教的第一位解读者

赫西俄德生于公元前 8 世纪，被认为是继荷马之后最古老的希腊诗人。人们对他几乎一无所知，以至于到了 19 世纪，还在怀疑他的存在。如今人们知道，他的父亲出生于库迈，定居在赫西俄德出生和生活的维奥蒂亚城市阿斯克拉。由于父系传统，这位诗人似乎对他的兄弟保持了长期的敌意，这一主题反映在他的一部作品《工作与时日》中。在一次著名的旅行中，他去圣城参加了为纪念一位贵族而组织的丧葬赛会。赫西俄德对其后的诗人产生了显著的影响。

与荷马的诗歌不同，赫西俄德的诗歌更多地旨在指导而不是提升。他的《神谱》，一部讲述宇宙起源和众神家谱的著作，以及《赫拉克勒斯之盾》的前54行（通常认为由赫西俄德所作）都是权威之作。与荷马的著作一起，这两部作品确实是希腊文化基础著作的一部分。赫西俄德致力于重写从过去继承下来的神话，并用他自己的道德和实践解释来丰富它们。这些神话和宗教观念构成了希腊传统的隐秘而复杂的部分。赫西俄德的作品与荷马史诗一道，成为希腊的年轻人语言和文化学习的较早文本之一。然而，如果赫西俄德成为重建神话语料库的权威，他的解释有时会被驳回。

插图 赫拉克勒斯和阿波罗在阿尔忒弥斯的眼皮底下争夺刻律涅牝鹿。该双耳瓶可追溯到公元前560年（现藏于牛津阿什莫尔博物馆）。

以弗所非凡的阿尔忒弥斯神庙

阿尔忒弥斯神庙位于以弗所，在今天的土耳其，其历史可以追溯到公元前 8 世纪。神庙包括几座建筑物，其中最重要的一座建于公元前 560 年左右，宏伟壮丽，以至于西顿的安提帕特将其列为世界七大奇迹之一。他说，阿尔忒弥斯神庙的辉煌使其他六大奇迹黯然失色。公元前 356 年的一场大火将其付之一炬。巴洛克建筑师约翰·伯恩哈德·菲舍尔·冯·埃尔拉赫（Johann Bernhard Fischer von Erlach）在 1720 年左右制作了右图所示的版画。

根据老普林尼的证词，他详细描述了阿尔忒弥斯神庙，称其为希腊世界最大的神殿。然而，一些考古学家质疑他的判断。❶ **尺寸** 根据老普林尼的说法，神庙主要由大理石建造，面积为115米×55米。❷ **立柱** 神庙共有117根立柱，高18米，是其基座直径的12倍。西立面有三排立柱。双排立柱将巨大的神庙分成三部分。❸ **内饰** 神庙收藏了许多艺术作品，包括著名艺术家创作的绘画、雕塑，多描绘希腊神话中的女战士，以及镀金和银的圆柱，比如帕罗斯岛的斯科帕斯的作品。❹ **崇拜** 在这个与东方的十字路口，希腊狩猎女神阿尔忒弥斯的崇拜与本土和东方神灵的崇拜融合在一起。❺ **崇拜者** 阿尔忒弥斯神庙处于战略位置，是旅行者和商人的必经之地，有利于成千上万来自最偏远地区的人们来此朝拜。

在本质上随着城邦发生了深刻的变化：变成了公开演讲、辩论、争论。话语以辩论的形式展开，是任何集体决策的最终手段。因此，就像广场一样，话语被置于中间位置，属于所有公民。

另外，公元前 8 世纪的神庙位置优越。在古希腊，宗教实践的唯一基本要素是位于神圣空间中的祭坛。并非所有神社都有神庙。原则上，这个被认为是神的居所是没有必要的。这种古代建筑的存在，是新生政治共同体自我肯定的标志。确实，它假设整个城邦都坚持对其守护神的崇拜，并愿意为其建造家园。

修建神庙

崇拜神像的重要性似乎在古风时期最重要的宗教古迹中得到了证实：以弗所的阿尔忒弥斯神庙。此处发现了泪珠状的小琥珀颗粒，应该是女神所佩戴的饰品的一部分。这表明早在公元前 8 世纪就建造了圣所，安置阿尔忒弥斯雕像。

第一批这种类型的建筑还包括萨摩斯岛的赫拉神庙。其平面呈矩形，长 100 英尺（约 30 米），是后来希腊神庙的模板。这是第一次采用一根中央立柱支撑屋顶，一条柱廊（当时是用木头做的一排柱子）环绕建筑物的形式。

没有其他元素能比神庙更好地编织城邦的身份。一些理论

戴面纱的女人

这尊象牙雕像出土自以弗所的阿尔忒弥斯神庙遗址。公元前 6 世纪（现藏于伊斯坦布尔考古博物馆）。

认为，在城市地区范围之外建造的圣殿用于划定其领土（例如萨摩斯岛的赫拉神庙，或者更恰当的是，距离城市 13 公里的阿尔戈斯神庙）。在那里举行的仪式增强了社群作为一个政治和社会单位的凝聚力。

在这方面，对神话英雄的崇拜发挥了重要作用，因为他们中的许多人是城市的创始人或与城市有着特殊的联系。比如底比斯的卡德摩斯。著名的传说讲述了德尔斐神谕授意他跟随一头母牛，直到它停下来。卡德摩斯长途跋涉，寻找他的妹妹腓尼基公主欧罗巴，抵达了维奥蒂亚。他在那里找到了母牛并遵照神示跟随着它。在母牛躺下的地方，卡德摩斯将她献给众神，并在未来的底比斯城址上建立了卡德摩亚堡。

同样，希腊人认为，英雄会守护他们被安葬的城市。神话中的雅典国王忒修斯的形象说明了这种信念。古典雅典人在这种信念的驱使下，在客蒙的指导下，前往斯基罗斯岛寻找他们守护英雄的骸骨——并以此为借口宣示他们对该岛的主权。

一个政治共同体

对英雄墓葬的崇拜建立了过去权力与特定地点之间的联系。因此，它可以被理解为一种领土合法化的战略。它也有利于公民在特定地方扎根定居。

这一点在雅典尤为明显，忒修斯对雅典城邦的形成起到了重要作用。修昔底德在《伯罗奔尼撒战争史》中描述了这座城市的建立过程。在这段文字中，修昔底德解释说，从前的雅典人是自治的，周围的一些城邦甚至向统治他们的国王宣战。

书中写道："到了忒修斯当国王的时候……在他改革国家的计划中，最重要的就是取消各市镇的议事会和政府，使他们都团结在雅典的下面，创造一个共有的民众会议和唯一政府机构……忒修斯所遗留给后代的，的确是一个伟大的城市。"（《伯罗奔尼撒战争史》，第二卷）

事实上，城邦可能由多个村落联合而成，这一过程被称为城市的建立（synoecisme）。这个希腊词是由介词"syn"与"oikos"构成的，"syn"表示整体的概念，"oikos"即在早期构建社会的适度范围的社群。

城市的建立不是均匀发生的。在某些地方，它诉诸武力，例如在斯巴达，它吸收了阿米克赖城。在维奥蒂亚等其他重要地区，并未完成村落的联合。这就是底比斯只对其周边地区行使统治权的原因。

因此，每个城邦的领土各不相同。虽然大多数都很小，但有些地方，如雅典或斯巴达，面积超过了 1000 平方公里（斯巴达为 8400 平方公里，是拥有 22 个城镇的福基斯等地区的 5 倍之大）。

尽管如此，随着时间的推移，最终的“城邦”概念不仅指一个物理空间，还指其公民社群（politai）。古典时期亚里士多德在其著作《政治学》中证实了这种解释。作者强调，人在本质上是一种政治动物（zoon politikón），人所生存的环境就是城邦。应该指出的是，“城邦”一词并非指代任意一座城市中心，而只指那些将政治社群聚集在一起的城市。因此，只有拥有城市中心的政治社群才有资格成为城邦。

公民及其妻儿一起生活在城市中心和邻近的土地上，他们与自由的外国人（他们被称为外国侨民）以及奴隶共享这些土地。这种生活方式证实了古老的希腊格言，即城邦不是由城墙定义的，而是由其公民定义的。因此，我们谈论的是科林斯人、雅典人或斯巴达人的城邦，而不是科林斯、雅典或斯巴达城邦。

换句话说，城邦就是其公民所在的地方。事实上，约公元前 4 世纪，当时的萨摩斯主要由雅典人占领和居住，土著居民在他们 44 年的流放生涯中继续以萨摩斯人的身份自处，这太具有启发性了。

从这个意义上说，我们可以肯定，凯奥斯岛（Céos）诗人西蒙尼德斯所谓的城邦是“男人的情妇”，是一种真正的生活方式。对于城邦的居民来说，城邦确实不只是一个居住地，更是共同命运的宝库。每座城市都有自己的价值观和法律体系（autonomia），还有自给自足的能力（autarkeia）以及相对于其他城邦对独立和自由（eleutheria）的坚定向往。各城邦在城市和政治规划上的组织方式也各不相同。

古希腊的主要城邦

古风时期，在雅典和斯巴达确立主导地位之前，科林斯、阿尔戈斯和米利都等城市（伊奥尼亚的富饶领土）引领着希腊的命运。

小亚细亚伊奥尼亚地区的城市是古希腊世界的文化引擎。在这片土地上，抒情诗歌蓬勃发展，其两位最伟大的诗人阿尔凯奥斯和萨福生活在莱斯沃斯岛。❶ 米利都是希腊科学和哲学的摇篮，是泰勒斯、阿那克西美尼、阿那克西曼德等人物的出生地。他们是苏格拉底之前希腊主要的哲学家。❷ 科林斯位于伊奥尼亚领土之外，见证了这一时期最伟大的艺术（人们认为多立克建筑风格诞生于此）和商业活力。它也是较重要的殖民城市之一。❸ 在黑暗时代，阿尔戈斯将其统治范围扩大到伯罗奔尼撒半岛北部。在美塞尼亚战争期间，它与斯巴达的竞争达到了顶峰。战败后，这座城市将半岛霸权拱手让给了对手。

阿波罗雕像

这件青铜器来自公元前7世纪，是“三神”雕像中的一尊，另两尊是阿尔忒弥斯和勒托。发现于克里特岛德雷罗斯（Dréros）的阿波罗神庙（现藏于伊拉克利翁考古博物馆）。

民族家系

在这一点上，应该指出的是，城邦与一种比城邦更开放的政治组织形式共存：民族（ethnos）。在希腊的不同地区——特别是伯罗奔尼撒半岛北部、希腊中部和西北部——以及整个古风时期，对定居在特定领土上的民族的归属感与归属于城邦的感觉一样强烈。

这种“民族”的感觉通常是由围绕共同祖先的神话或统一的历史事件，甚至是特定崇拜的集体实践所滋养的。民族不受城市框架的定义，意味着一个比城邦更开放的组织。它还扩展到更广阔的领土，例如，埃托利亚人、洛克

里亚人（Locriens）、阿卡迪亚人或维奥蒂亚人的领土。

在维奥蒂亚人的领土上，各个城市的利益差异和维奥蒂亚人的共同身份之间的分歧导致了该地区城邦之间的冲突。因此，在古典时期，当希腊世界在斯巴达或雅典的旗帜下联合起来时，普拉提亚与雅典、底比斯和斯巴达结为同盟。

事实上，在城邦的独立感之上，徘徊着属于某种“超国家”实体的理念。公元前 5 世纪，希罗多德将其定义为“古希腊文化”（tò hellenikón）。超越城邦甚至民族的界限，希腊人意识到他们的共同点，例如语言、对万神殿的

斯芬克司陶俑

这件作品来自公元前7世纪的戈提那（Gortyne），反映了东方对希腊宗教的影响（现藏于伊拉克利翁考古博物馆）。

信仰，以及荷马和赫西俄德在诗歌中描述的仪式习俗。

城邦的独特性（或对社群的归属感）与泛希腊主义（或对更大的希腊世界的归属感）之间的拉扯是希腊历史这一阶段的基本特征。尤其是在泛希腊宗教节日期间，共享同一遗产的感觉得到了加强。

在很大程度上，荷马和赫西俄德列入希腊万神殿中的众神在青铜时代就已经受到崇拜，崇拜形式或多或少因无法破译的迈锡尼文字所掩盖。“Atana”出现在皮洛斯发现的线形文字B中，显然对应于雅典娜。“Posedao”就是波塞冬。“Pajawone”是阿波罗神在战歌中的称谓。开战前，迈锡尼军事首领会祭拜“Enuwarijo”，即阿瑞斯，又叫“Ényalios”。

狄俄尼索斯是葡萄酒之神，也许就是当时被称为“Diwonuso”的神明，后来的希腊人坚信其来自遥远的东方。

希腊万神殿

迈锡尼世界的崩溃并没有导致神圣的万神殿崩溃。神话，在其最初的意义上仅仅意味着“叙事”，延续了神和英雄故事的丰富复杂性——正是他们在一个更加遥远和声望更高的时代，将希腊人所知晓的样子赋予了世界。

众所周知，希腊宗教是多神论的。希腊万神殿有十二主神。希腊人以拟人化的方式对其展开想象，尽管他们具有非凡的美丽和身材。（在《伊利亚特》中，为了帮助战役中的亚该亚人，雅典娜登上战车，不是用自身重量将其压碎了吗？）但最重要的是，诸神不朽。

根据赫西俄德在《神谱》中的描述，诸神远非那种可怕的、显然是受东方影响的超自然力量，这些力量在混沌之初主宰着宇宙，不时还会袭击奥林匹斯诸神的驻地。除了诸神和奥林匹斯的居民之外，还有许多地位次等的神灵。然而，人们认可他们在自然秩序中的力量和存在。因此，宗教现象在希腊人的思想中占据了很大的位置。

因此，宗教通过建造神庙，在城邦内发挥了社会凝聚力的作用。仪式包括向众神致敬，希望他们能听到向他们发出的祈祷。祈祷必须没有丝毫瑕疵，这就是信徒净化自己的原因。

然后，在认真恭敬地念出神的头衔和司掌，并告知神已经为纪念他而完成献祭之后，人们说出自己的祈求。然而，这带有某种互惠的感觉——交换条件（quid pro quo）——但不能保证神会回应祈祷。此外，任何让众神见证的承诺，尤其是在冥界的守誓之河斯提克斯河边许下的承诺，如果不兑现，便会受到诅咒。

祭品与献祭

这种仪式在西方文学的起源中得到了证实。在《伊利亚特》的开头，被希腊人激怒的特洛伊祭司克律塞斯向阿波罗祈求。他称阿波罗为“史鸣修斯”（sminthien），

献祭场景

这件古老的陶器描绘了供奉祭品的信徒和炉灶旁的祭司。鹰象征着宙斯（现藏于塔兰托考古博物馆）。

这个词的含义尚未得到确定的阐述，但可能是指老鼠的毁灭者（sminthes），因为这位神有能力传播和阻止鼠疫。阿波罗将鼠疫精准传播到亚该亚的营地，并用箭将其摧毁。

克律塞斯接着如此说道："银弓之神，克律塞斯和神圣的基拉的保卫者，特涅多斯的强大领主，灭鼠神，请听我祈祷，如果我曾经盖庙顶，讨得你的欢心，或是为你焚烧牛羊的肥美大腿，请听我祈祷，使我的愿望成为现实，让达那奥斯人在你的箭下偿还我的眼泪。"（《伊利亚特》，第一卷）

祈祷结束后，人们将糕饼、葡萄酒或蜂蜜酒作为祭品献给神灵。但是，对于祭司来说，最好还是宰杀牲畜，通常是一只绵羊或山羊，为了配得上供奉神灵，必须没有任何瑕疵。在某些情况下，人们会举行一场百牛大祭（hécatombe），该词在我们的现代语言中具有邪恶的意味，但在当时它意味着宰杀 100 头牛，在大多数情况下，它和献祭就是一个意思。

还是在《伊利亚特》中，当亚该亚人想知道为什么阿波罗在他们的营地里播种死亡时，阿喀琉斯让他们去询问先知、祭司或解梦者。或许神是因为一个未兑现的诺言或一场未实现的祭祀而发怒？阿喀琉斯建议为其举办一场百牲祭："但愿他接受绵羊或纯色的山羊的香气，有心为我们阻挡这一场凶恶的瘟疫。"（《伊利亚特》，第一卷）

泛希腊圣地

每个城邦的宗教节日各不相同。通过献祭，社群体现了人与神的区分。仪式之后是一场宴会，凡人品尝着祭祀的动物，众神享受着烤肉升腾的香气。这种仪式活动显然有利于人类，但在著名的普罗米修斯神话中找了一个借口，欺骗了众神，正如赫西俄德在《神谱》中所描述的那样。

与神产生关联的不只有社群；个人也可以建立与众神的联系。除了共同崇拜，个体（oikos）也可以有效地与众神沟通。此外，个体向众神提出请求可以有不同的方式。在前文引用的一个例子中，克律塞斯便以个人名义告知阿波罗，他为纪念他建造了宏伟的神庙。事实上，除了动物祭品之外，人们还可以竖立雕像或神龛，并在此供奉许愿祭品。

从公元前 8 世纪开始，即在圣所建造神庙的同时，祭品急剧增加。这种变化不仅反映在数量上，也反映在质量上：宗教场所不仅吸引着附近的居民，还吸引着远道而来的游客。考古学无法解释这种演变的原因，也许奥林匹亚的宙斯神庙除外，因为它接纳了大量前来参加体育比赛的游客。于是，我们可以猜想参赛者前来向神祈祷，希望神赐予他们力量以获得胜利。

在所有希腊人都认可的朝圣场所组织体育（和政治）性质的比赛是一种明智之

希腊神庙的演变

在公元前7世纪，神庙通常被认为是供奉神像的居所，人们在神庙中朝拜神灵。随着时间的推移，神庙不断演变。结构变得更加多样化（右侧图中列举了一些平面图，在古典时期的神庙变得更加精致和复杂）。

在古希腊世界中，德尔斐和奥林匹亚是圣殿存放祭品较奢华的两座城市。在这方面，它们与强大的家族或殖民地竞争，包括最近成立的那些。德尔斐最初是牧羊人的圣地，建于一处古老的迈锡尼遗址。德尔斐神谕变得更加重要，这个信仰之地的追随者也越来越多。德尔斐位于陡峭的斜坡上，不同纪念性建筑物相继建造，一争高下。其中之一是雅典娜神庙。由于地震而受损，它很可能经历了重建，将不同时期的相同柱段聚集在一起。然而，重建保留了原本的建筑方案。正如照片所示，其特点是呈圆形，这种情况很少见。这种类型的神庙被称为圆形庙宇（tnolos）。

举，可以缓解各地特殊性带来的紧张关系，并增强更广泛的希腊归属感。回想一下，传统上公认的奥运会创建日期是公元前776年，直到最近才被认为是希腊历史的开端。

德尔斐神谕

如果说有一个泛希腊圣殿在整个古风时期发生的事件中发挥了极其重要的作用，那么毫无疑问，它就是位于德尔斐的阿波罗神庙——一个卓越的神示所。正如我

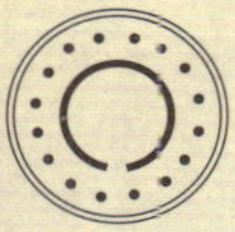

圆形庙宇　庙宇平面呈圆形，外观庄重。位于德尔斐的雅典娜神庙有两排柱廊，外层是多立克柱式，里层是科林斯柱式。

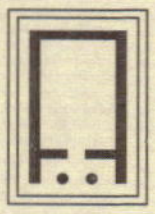

墙角柱间　庙宇前面只有两根立柱。内殿的墙壁延伸到两根壁柱或壁角柱，因此得名。

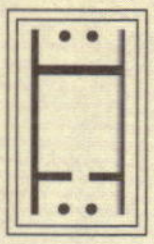

双角柱式　立柱位于容纳前后门廊的墙壁的延伸部分，例如位于德尔斐的阿波罗神庙。

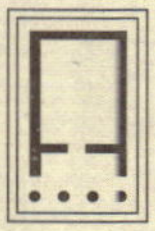

柱廊式　只有一侧门廊有立柱，比如位于米利都的多多纳神庙和德墨忒尔神庙。庙宇前面的四根柱子形成了一个开放的前庭。

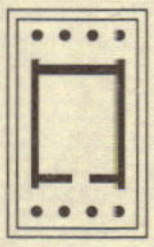

两向拜式　这种类型的庙宇前后都有立柱。最著名的例子无疑是位于雅典的雅典娜胜利神庙内的伊奥尼亚四柱式小庙。

们将看到的，人与神之间的交流是双向的：一方面是通过祈求和祭祀，另一方面是通过“先知或祭司或解梦者”的传递，正如阿喀琉斯在《伊利亚特》中所提出的那样。

希腊人关心个人问题（比如组织婚礼、旅行计划、生育困难）并将他们的问题提交给神，神通过神谕回答这些问题。神谕言简意赅地传达神性的声音，由祭司进行解读。“神谕”一词也指神示的发生地。

希腊最古老的神示所位于伊庇鲁斯的多多纳，是献给宙斯的。据说，祭司们赤脚走路是为了感知大地，他

厄琉息斯圣殿与神秘崇拜

在厄琉息斯（邻近雅典的一个城镇）对女神德墨忒尔的崇拜很早就开始了，大约在公元前2000年左右。这一崇拜与自然循环有关，因为德墨忒尔是农业女神。相传，女神德墨忒尔之女珀耳塞福涅被冥界之神哈迪斯掳走。德墨忒尔开始四下寻找她，伪装成老妇人来到厄琉息斯。城里的君王收留了她，让她照料刚出生的王子。当她试图让王子长生不老，被惊呆的王后发现时，她便建立教派，然后离开了这座城市。由于她的悲伤，大地上万物停止生长，宙斯于是向她透露了她女儿的下落。但珀耳塞福涅每年只有一段时间可以离开冥界，因为她吃了一种石榴——冥界之果。在德墨忒尔和珀尔塞福涅团聚的那几个月里，大地上万物生长；相反，当珀尔塞福涅返回冥界时，地面上则万物枯竭。这样就完成了自然的死亡和再生的循环。这个神话收集在荷马对德墨忒尔的赞美诗中，构成了厄琉息斯神话的主要情节，这是一种专属于入会者的神秘崇拜，以超越死亡的生命为主题。

启蒙室 圣所的心脏所在。其中存放的遗骸可以追溯到公元前6世纪。它可能是第一座为容纳大量人员而建造的建筑物。插图为19世纪重建的启蒙室。

公元前5世纪的许愿牌匾，赤土陶器，描绘了向女神德墨忒尔和珀尔塞福涅献祭的仪式（现藏于雅典国家考古博物馆）。

三角楣描绘了在圣殿中举行的仪式。崇拜持续了2000年，直到公元395年厄琉息斯被夷为平地。

秘密仪式

朝圣者沿着象征通往彼岸的圣途列队进入厄琉息斯的圣地。然后他们到达启蒙室，在举行秘密仪式之后 入会者的启示发生了。我们知道入会者当时必须闭上眼睛。事实上，“mysterion”一词来自动词，意思是“关闭”。神圣的围墙里还有一个洞穴，据说可以与死者的世界相通。持续9天的仪式由主祭司（揭秘者）主持，并由手持火炬的祭司（daduque）协助。

❶ **供品** 朝圣者手握麦穗，头戴植物编织而成的环形冠冕。除了麦穗，女神有时还手执罂粟和水仙花。根据神话，人们还要向她供奉酒品。

❷ **火炬** 火炬是德墨忒尔崇拜中最知名的元素。它象征着传说中的女神，为了寻找她的女儿珀耳塞福涅，她手举火炬，在大地上巡行了9天9夜。

❸ **入会者** 自由公民和奴隶，包括妇女甚至妓女，都可以接受厄琉息斯秘仪。入会的唯一要求是说希腊语，能够念出仪式用语。新入会者必须严格保守秘密。

❹ **德墨忒尔** 女神正襟危坐于宝座之上，接受朝拜者的供品。根据神话，她在厄琉息斯时拒绝了王室提供给她的葡萄酒，而是指定要一种神圣的发酵饮料“卡吉尼亚”（kykeôn）。

❺ **“卡吉尼亚”** “卡吉尼亚”是仪式的中心。这是德墨忒尔想要的食物，悲伤驱使她有一段时间不吃不喝。这种谷物饮品的确切成分未知，它结束了神圣的绝食仪式。

❻ **珀耳塞福涅** 根据死亡和繁衍周期循环的神话，珀耳塞福涅一年中的部分时间生活在冥界，其余时间则生活在地面。厄琉息斯秘仪于9月举行，正值从夏天到冬天的过渡。

希腊音乐与抒情诗的诞生

在希腊，音乐艺术与诗歌艺术密切相关。朗诵诗歌总是伴随着诸如长笛、齐特拉琴及新月形的福尔明克斯琴（phorminx）等乐器的伴奏——尤其是里拉琴（lyre）、抒情诗（lyric）即得名于此。

史诗用音乐颂扬并叙述神话英雄事迹，抒情诗则旨在表达感情。早在著名的基克拉迪小雕像和迈锡尼绘画中，已有竖琴演奏者。也有证据表明自古就有抒情诗的存在。然而，现存最早的抒情诗只有非常简短的片段，可追溯到公元前730年左右，其作者是科林斯诗人欧墨洛斯（Eumélos）。抒情诗的摇篮位于莱斯沃斯岛，音乐家俄耳甫斯将头枕在竖琴上飘浮至此。提尔泰奥斯、阿尔基洛科斯、萨福和阿尔凯奥斯的作品是当时抒情诗的典范：在他们的诗句中，语言表达的活力和最细腻的情感融合在一起。他们用时而好战、时而感伤的情绪，描绘了当代政治事件以及他们自己的生活环境。

插图 萨摩斯长笛手，青铜雕像，公元前5世纪（现藏于雅典国家考古博物馆）。

们根据神圣橡树树叶的沙沙声来解释神的旨意。最负盛名的圣地还有位于希腊医学主要中心埃皮达鲁斯的阿斯克勒庇俄斯神庙。病人到此请示阿斯克勒庇俄斯神，神在他们睡觉的时候托梦告知他们接下来的治疗方案。

然而，随着时间的推移，阿波罗神的德尔斐神庙成为希腊的精神中心。据传说，宙斯之子阿波罗想要占有一个原本献给盖亚（地母）的神示所，位于世界的肚脐——岩石嶙峋的德尔斐城下。为达目的，他只好用箭矢刺穿巨蟒——一个长期以来被赋予先知美德的动物——名叫皮同（Python），是德尔斐的守护者。然后，阿波罗将他新获得的占卜能力赐给了一位女祭司——著名的皮提亚。

从这一时期开始，圣殿在文学作品中闪现。《伊利亚特》中已经提到了“多石的皮托（Pythô）”。然而，在《奥德赛》中，德尔斐神庙第一次作为神示所出现。在下面这段文字中，国王阿伽门农在宴会上看见阿喀琉斯和奥德修斯之间的争执，满心欢喜。这是特洛伊战争临近的征兆，“因为看到阿开奥斯的两个国王在争吵，阿特柔斯再次想起了在神圣的皮托，福玻斯·阿波罗曾经向他作启示，有一天他跨过石门槛去求问神谕”。（《奥德赛》，第八卷）

支持殖民化

这个典故本身仿佛就具有预言的价值，阿波罗的神谕成了希腊世界的神经中枢。支配一个民族的宗教就是控制其精神：因此，德尔斐教派被召唤来影响整个希腊世界。普通人和政治人物都会前往圣所。个人和一家之主询问的是日常生活的问题，而他们所在城市的政治精英或政要则向神询问城邦的发展情况。

事实上，德尔斐神谕在当时所有杰出的领域都发挥了决定性的作用——殖民化、权力合法化和城邦政府。在启航建立殖民地之前，必须询问神谕。不遵守神谕会带来很大的风险。灾难不仅会降临到殖民地，还会降临在大都市。

我们也可以认为，大都市的统治者在德尔斐寻求的不仅是关于殖民者将要居住领土的信息，而且是神谕对殖民这项活动的认可和绝对权威，因为他们知道大多数殖民者都是迫不得已去面临这样一场冒险。

人们通常认为，通过调节过剩的人口，建立殖民地充当城市的阀门。在某些情况下，建立殖民地还可以将出于某种原因令城邦置于危险之中的人群驱逐出去。阿波罗的神谕将这些麻烦制造者间接地变成了殖民地真正的先驱。

因此，塔兰托殖民地是斯巴达建立的唯一一块殖民地，由“处女之子”（partheniai）创建。斯特拉波在其《地理学》中提到，人们求问神谕后将“处女之子”送到塔兰托。他们出生于斯巴达战士与迈锡尼作战时期——因此他们的绰号为“处女之子”——他们被剥夺了权利。他们的不幸煽动了起义的怒火。为了阻止这场起义，唯一的解决办法就是让他们远离城邦。

埃勾斯求问女预言者

传说中的雅典国王前来请示德尔斐神谕，因为尽管有过几段婚姻，他却始终没有一儿半女。按规矩解读神谕后，埃勾斯和特洛伊西纳（Trézène）国王之女埃特拉生下一子——忒修斯。公元前6世纪至公元前5世纪绘有红色人物的基里克斯陶杯（kylix）碎片（现藏于柏林国家博物馆）。

权力合法化

在僭主时代，德尔斐神谕多次证实了其政治作用。它特别加强了某些家庭的权力或使统治者的更迭合法化。希罗多德在其《历史》中讲述了皮提亚向科林斯的第一位僭主库普塞洛斯预言，如果他的儿子们能继承他的城邦统治权，那么他的孙子们则无法延续这一继承：“到此的人是幸运之人啊，库普塞洛斯，厄提翁之子，杰出的科林斯国王，他和他的孩子们是幸运之人，但他的孩子们的孩子们不是。”

同样，庇西特拉图和他的儿子们依靠神谕来维持雅典的权力。不过他们的政治对手，当时流亡在德尔斐的阿克密尼德家族（les Alcméonides）资助了被大火烧毁的阿波罗神庙的重建工作。阿克密尼德家族的慷慨得到了一系列神谕，敦促斯巴达人将庇西特拉图的儿子们驱逐出雅典。阿克密尼德家族便利用德尔斐的威望将神谕传播开来。

事实上，使权力合法化是神谕的主要功能之一。只要看看使斯巴达和雅典变得伟大的法律和法规如何受到皮提亚神秘话语的启发就足够了："大公约"（Grande Rhêtra）——新斯巴达的创始文本，以及梭伦的立法诗——它在雅典的平民和贵族之间发挥了调解作用，根据阿波罗的神谕找到了在城邦建立新秩序的必要权威。

档案：众神时期

希腊诸神是按照人的形象创造的，是丰富的希腊神话的核心。希腊神话在荷马和赫西奥德的作品中记录下来，其中的神话叙事传至今日。

整个西方文化的历史都浸润在希腊神话中。没有哪个文明能够以如此强大的叙事力量培养出如此深刻和丰富的神话。通过古老的“部落故事”，希腊人试图为人类自古以来一直在追问的问题寻找答案。通过这种方式，他们试图了解自己的起源和宇宙的秩序，为自己在不断受到未知力量影响的存在赋予意义。

我们无从得知希腊人的神话传统可以追溯到多久远。特洛伊战争等故事提及了与青铜时代希腊密切相关的场景和地名。由于当前情况缺乏直接证据，许多发生在克里特岛的其他情节（例如牛头怪的传说）表明，该岛在希腊神话的构成中发挥了作用。

无论如何，第一批直接证据可以追溯到古风时期，并见于荷马和赫西俄德的诗歌中，这些证据的存在——仍有争议——可以追溯到公元前8世纪和公元前7世纪。诗人重新

太阳神赫利俄斯 是第一代希腊神之一，也是当时自然力量的一部分。

众神，正义的保证者

在荷马和赫西俄德的作品中，众神扮演着正义保证者的角色，抵消了两位诗人因人性产生的悲观主义。众神的社会组织与为纪念他们而进行祭祀仪式的战士贵族的社会组织相同，这绝非巧合。从在奥林匹斯山上的特权地位来看，宙斯表现得像一位“神和人之父”，就像贵族氏族中的“巴赛勒斯”一样。因此，众神使人类世界充满正义，并确保凡人遵守他们的誓言。他们的高度保护赋予朝圣者和乞丐不可侵犯的权利。

插图 公元前8世纪在克里特岛伊达（Ida）山上发现的青铜圆盘上绘有宙斯的原始形象（现藏于伊拉克利翁考古博物馆）。

创作了这些故事，在此之前，这些故事一直通过口耳相传（“mythos”只是意味着“叙事”）。史诗将赋予传奇剧目中的某些情节以艺术形式。因此，荷马和赫西俄德是百年传统的继承者，百年传统在他们的笔下达到巅峰。

因此，正如希罗多德所指出的那样，可以说荷马和赫西俄德塑造了希腊人民的想象力，在整个古代都是如此。在《伊利亚特》和《奥德赛》中，荷马描述了一个完整的神圣宇宙，由各司其职的众神组成。在《神谱》中，赫西俄德回答了世界诞生的基本问题——“宇宙起源说”，并且介绍了主要神明——严格来说是“神谱”。

从混沌到秩序

根据赫西俄德的说法，“cosmos”（希腊语义为“宇宙”，但最初的意思是“秩序”）是由无形的物质——混沌创造出来的。从混沌（卡俄斯）之中诞生了盖亚（大地女神）和厄洛斯（爱神）。厄洛斯是世界之初创造万物的基本动力，从而产生了原始的神力。接着就出现了乌拉诺斯（天神）、倪克斯（黑夜女神）、厄瑞玻斯（黑暗之神）、蓬托斯（海神）、山神等第一代神祇。它们代表了自然界的原始力量，尚未具有人类形态。

第一个统治宇宙的是乌拉诺斯，他与盖亚一起创造了第二代神：泰坦十二神、独眼巨人和赫卡同克瑞斯（百臂巨人），他们早于已知的人类秩序，相互之间为争夺权力而战。乌拉诺斯禁止他们见天日。但是，最年幼的泰坦神克洛诺斯按照盖亚的计划，最终诞生出来。他用镰刀阉割了他的父亲，把他的生殖器扔进了海里。

从海里产生的泡沫（希腊语为“aphros”）中诞生了爱神阿佛洛狄忒。而从落在盖亚身上的乌拉诺斯之血中，诞生了厄里倪斯，她们是对家族内部所犯罪行的复仇女神。成为宇宙之王后，克洛诺斯与姐姐瑞亚生下了第三代神，被称为“奥林匹斯神族”，因为他们住在奥林匹斯山上。在希腊人的眼中，他们已经有了人类的外表：赫斯提亚、德墨忒尔、赫拉、波塞冬、哈迪斯，以及最重要的宙斯。

就像上一代的乌拉诺斯一样，克洛诺斯害怕被他的儿子们推翻。这就是为什么他们一出生就被克洛诺斯吃掉了。但是瑞亚设法隐藏了他们中的最后一个儿子——宙斯。成年后，他迫使其父吐出吞噬的兄弟姐妹。他们一起与他们的父亲以及其他

神族

希腊众神群体显然是父权制的社会形态。其成员之间的关系构成了一个完美的系统。宙斯掌管着天空，扮演着族长的角色，他的兄弟波塞冬（海洋和陆地的主宰）和黑暗的哈迪斯（冥界之王）对此没有异议。女神赫斯提亚守护着炉灶与圣火，而强大的赫拉则承担起了女主人的职责。赫拉是宙斯的姐姐和妻子，司掌婚姻关系，同时作为“母亲”角色司掌生育，丰收的职责则移交给农业女神德墨忒尔。

对于第一代和第二代奥林匹亚诸神，这种权力分配也有明确的规定。第二代主要包括宙斯、赫菲斯托斯和阿瑞斯（宙斯和赫拉之子）、阿波罗及其孪生姐姐阿尔忒弥斯，以及阿佛洛狄忒、狄俄尼索斯和雅典娜的后代。酒神狄俄尼索斯是万神殿中唯一由凡人女性所生的成员。这些家庭关系和这种角色分配并不是希腊神话独有的。另外，神祇数量有限（根据传统的列举在 12 到 15 位之间）是希腊宗教的特征。虽然神祇数量很少，但这座万神殿足以为希腊人周围的现实和人类存在的奥秘提供丰富多彩的解释，而这，自古风时期便已有之。

插图　雅典娜从宙斯的头颅中诞生，绘于公元前 5 世纪阿提卡的双耳瓶上（现藏于巴黎卢浮宫）。根据神话，雅典娜女神出生时从头到脚全副武装。

泰坦神作战。宙斯在这一系列被称为泰坦之战的战斗中取得了胜利。在秩序与混沌的斗争中，宙斯谴责泰坦神族居于塔尔塔洛斯的黑暗中，这是一个由原始混沌产生的深渊。然后，他建立了一个正义统治的宇宙。

宙斯孕育了新一代的神，从而齐集了奥林匹斯众神：雅典娜（从宙斯的头颅中诞生）、狄俄尼索斯、阿波罗、阿尔忒弥斯、赫尔墨斯、阿瑞斯，还有赫菲斯托斯。奥林匹斯诸神不得不面对盖亚之子们新的攻击，他们想要恢复之前的秩序。首先是巨人对奥林匹斯众神的猛烈进攻，随后是可怕的提丰大战奥林匹斯众神，提丰也是大地之母盖亚之子，外形为蛇形巨人，拥有破坏自然的神力。经过一段时间的剧烈动荡，奥林匹斯秩序最终获胜。

从东方到赫西俄德

正如赫西俄德所描述的，世界的起源受到东方的强烈影响。因此，在《神谱》记载的“继承神话”中，我们清楚地观察到了巴比伦神话的不同方面。例如，在公元前 13 世纪左右被毁的赫梯帝国首都哈图沙的王室文献中讲述的神话就是这种情况：安努（天神，同乌拉诺斯）与库马尔比（Kumarbi，同克洛诺斯）作战。库马尔比用牙齿咬下安努的生殖器并吞下，从而诞生了三位神。吐出两位神之后，他吞下一块石头，主神从石头中诞生，并将他推翻。随后，前众神之王通过他自己所生的巨人密谋反对他的儿子们。

赫西俄德笔下的继承神话与赫梯帝国文献记录的神话之间的相似之处是显而易见的。但是，神祇的起源是什么时候引入希腊神话的呢？当迈锡尼王国向强大的赫梯帝国派遣大使时，是否发生过这种情况？如果真是这样，那么这意味着宇宙力量之争的故事将跨越黑暗时代，直到古风时代之初大放异彩。

神祇起源的故事也可以追溯到公元前 8 世纪，当时来自维奥蒂亚和埃维亚岛（赫西俄德的故乡）的水手开始接触东方（如今叙利亚的阿尔米纳等地）的商人。在这个假设中，这些来自遥远东方的丰富故事在荷马创作史诗的年代，或者可能还要稍早一些，就已经为瑰丽的希腊神话提供了素材。

在荷马史诗中，众神已经具有神性，更重要的是，他们具有和人类一样的行为

阿波罗与阿尔忒弥斯 巨人与神的战斗场景，绘于锡弗诺斯宝库的楣板（公元前 525 年，现藏于德尔斐考古博物馆）。

和情感。为了更好地理解周围的世界并更好地接受神圣的存在，希腊人觉得有必要以他们的形象来构思这些超自然的力量。这就是为什么说是他们的想象力锻造了拟人化的神灵。

荷马笔下的诸神具有人的身体和精神。他们处于更高维度，但在大多数情况下，他们的欲望与人类是相同的。然而，与“可怜”的凡人不同，“幸福”的诸神更加强大和俊美。最重要的是，他们既不会老去，也不会死亡。

诸神摆脱了必死命运的桎梏，他们的幸福与人类的短暂和局限形成了强烈的对比。人类甚至无法用在阴暗的地狱之外还有来世的想法来安慰自己。然而，也有一些神秘的信仰，比如厄琉息斯秘仪，其信徒可获得死后重生的启示。

奥林匹斯万神殿的主神

阿佛洛狄忒　爱与性欲的女神。根据赫西俄德的说法，她是在被儿子克洛诺斯阉割的乌拉诺斯的生殖器落入海中所化的泡沫中诞生的。与此同时，荷马将她写作宙斯和鲜为人知的女神狄俄涅的女儿。与赫菲斯托斯结婚后，她与其他神发生过关系，比如阿瑞斯、赫尔墨斯和波塞冬。阿佛洛狄忒传统上等同于东方的自然和生育女神，比如阿卡迪亚的伊什塔尔。

阿尔忒弥斯　宙斯之女，阿波罗的孪生姐姐，卓越的处女女神和“野兽的女主人”，她穿越林莽和山野，热爱野外生活，并参加女性入教仪式。正如阿波罗取代赫利俄斯成为太阳神一样，阿尔忒弥斯取代了月亮女神塞勒涅。这就是为什么她不仅像她的兄弟一样手持弓箭，而且还带着一弯新月。

雅典娜　智慧和战争女神，宙斯和
提斯（原始智慧女神）之女。天神宙
趁墨提斯还怀着雅典娜时，便将母女
吞入腹中，因为根据预言，墨提斯生
的孩子将推翻他。这就是雅典娜从她
亲的头颅中诞生的原因，她一出生便
成年并且全副武装。她是一位处女女
（párthenos），象征物是猫头鹰和橄榄

阿波罗　宙斯与勒托之子，阿尔忒弥斯的孪生弟弟，他无疑是继父亲之后最强大的神。在荷马的笔下，他具有卓越的战士个性，在此之后他的其他能力也显现出来：缪斯的向导，还有照顾病人和宣读神谕的天赋。他杀死了守护它的巨蟒，从而成为德尔斐神谕圣地的主人。提洛岛上的圣所也是为他而建。他的形象通常是一位年轻人。

阿瑞斯　宙斯与赫拉之子。战神之名并非由于其战术而得，而因他的残暴表现，司掌恐怖、恐慌和不和谐。在荷马的笔下，他是阿佛洛狄忒的情人，统治着色雷斯的敌对地区。在《荷马史诗》中，“阿瑞斯”是“战争”的代名词。根据希腊人的宗教敏感性，这不是文学等式，而是对神的真实感知。

德墨忒尔和赫斯提亚　她们是泰坦之
克洛诺斯和瑞亚的女儿。德墨忒尔司管
地，耕地上结出的果实让人类得以生
在厄琉息斯，人们崇拜她，但这不属
正统的奥林匹斯宗教。她通常头戴用
色麦穗编织而成的环形冠冕，提着果
她的象征物还有火炬和蛇。赫斯提亚
火焰女神。和阿尔忒弥斯和雅典娜一
她也是处女女神。圣火伴随着移民
因此她象征着殖民地和母城之间的联系

斯与狄俄尼索斯　掌管凡人和其他神的鬼哈迪斯与其妻子珀尔塞福涅一起统治着冥他唯一的象征物是戴在头上就可以全身隐隐身头盔。狄俄尼索斯，植物之神，宙斯人塞墨勒之子。塞墨勒受到蛊惑要求宙斯的面目出现，当见到伴随宙斯出现的雷电塞墨勒瞬间死去。宙斯救出她身体中的婴俄尼索斯，将他缝在大腿里，足月后降生。得来一句俗语“从朱庇特（罗马神话中对斯的神祇）的大腿里出来”，意即高人一等。

斯托斯　宙斯与赫拉之子。他是工匠之金属锻造和火神（赫斯提亚司掌灶火，司掌天火）。他的畸形和跛足象征着火动，也反映了希腊人对体力劳动的钦佩视交杂。尽管他相貌丑陋，为其他神努作（他为他们锻造武器以及宙斯的雷但他与美丽和诱惑的化身阿佛洛狄忒。

赫拉　克洛诺斯之女，宙斯的姐姐和妻子（故为天后），她是第一代奥林匹斯神祇之一。她还具有维护婚姻和家庭秩序的职责。这就是为什么她迫害宙斯的情妇及其私生子，比如赫拉克勒斯。她还是生育女神，通常伴有孔雀和奶牛等献祭给她的动物。

赫尔墨斯　宙斯与迈亚之子，他在众神与宙斯之间、神与人之间、统治阶层与人民之间、敌对的城市或派系之间、生者与死者之间扮演着信使的角色。因此，他履行了护送死者的幽灵去往冥界的预报者、使者和接引者的职能。他也是道路之神和旅行者的保护者。他穿有飞翅的凉鞋，手持魔杖（两条蛇缠绕在一起的手杖），这是他的象征。

波塞冬　克洛诺斯之子，宙斯的兄弟。在将宇宙分为天空、海洋和冥界的权力划分中，作为奥林匹斯秩序的创始神祇之一，他获得了对海洋的统治权。他还是马匹和地震之神：荷马称其为“大地的震撼者”。他是多位英雄之父，传说中的多朝先祖。他手执三叉戟，通常伴有海豚和马匹等献祭给他的动物。

宙斯　印欧血统的神，他的名字与一个词有关，意思是“天上的光辉”。宙斯在推翻父亲克洛诺斯后成为至高无上的神。他基于正义的理想创造了一个新的宇宙秩序。在荷马的笔下，他表现得像是一位真正的“巴赛勒斯”，就像史诗中的伟大国王一样。这就是为什么宙斯被称为“神和人之父”，不是词源上的意思，而是其具有“族长”的地位。

宴会场景

公元前 6 世纪的双耳瓶涂绘（现藏于巴黎卢浮宫）。

插图（右侧） 同时期的青铜器，出土于意大利特雷亚地区，描绘了一场重装步兵之战。

贵族政治与僭主政治

贵族自称是古代建国英雄的后裔，凭借其作战才能，垄断了希腊城邦的领导权。随着重装步兵，以及富商和手工业者阶层的出现，贵族特权受到质疑。于是出现了僭主这类人物，他们在古希腊历史上留下了浓墨重彩的一页。

黑暗时代的地方首领保存着对久负盛名的迈锡尼王国的遥远记忆，将以前集中在一个君主手中的权力进行了瓜分。这群贵族自视为古代英雄的继承者，承担了社群领袖的角色，引领城邦迈出了第一步。他们在战斗中的权威和他们的竞争精神为他们带来了盛誉的光环，这种光环在公元前 7 世纪中叶才开始减弱。

这时，出现了一种新型士兵——“重装步兵”（来自 hóplon，意为“盾牌”）。从此，这支重装步兵取代了贵族骑兵，他们不是由英雄血统的贵族组成的，而是由

古希腊的权力形式

公元前750年—公元前675年
《荷马史诗》 贵族精英声称以《荷马史诗》《伊利亚特》和《奥德赛》为榜样。

约公元前710年
卡尔基斯与埃雷特里亚之战 发生在利兰丁平原上的战斗是根据史诗中的准则进行的最后一场战斗。

约公元前670年
重装步兵 战术急剧演变，标志着贵族热衷的个人对抗的结束。

公元前670年—公元前500年
僭主夺权 这些独裁者征服了大部分城邦，他们的权力延续了两代。

公元前620年—公元前594年
德拉古法典与梭伦立法 这些法则发现于雅典。保存下来最早的立法是在公元前650年左右在德雷罗斯（Dréros）制定的。

公元前560年—公元前514年
庇西特拉图和他的儿子们的暴政 庇西特拉图王朝统治着雅典。他们的衰落是因为哈尔摩狄奥斯（Harmodios）和阿里斯托革顿（Aristogiton）。

能够买得起盔甲的公民组成的。这种从战场上的个人卓越到重装步兵方阵的集体效力的转变不可逆转地削弱了军事贵族的地位，从而催生了一个新的社会组织，每个参与战争的公民都可以要求更多地参与城邦事务。

想要分享权力的手工业者和商人阶级的崛起所造成的社会分歧，加剧了这种转变，在不满者中催生了僭主这类人物。在除斯巴达之外的每一个城邦，派系的竞争和斗争导致了以武力夺取政权的人物的崛起。虽然他们对城邦的推动作用可以说是显著进步和扩张的代名词，但他们的权力基础仍然不合法，因此他们的专制统治相对短暂。像梭伦这

样的立法者更受欢迎，因为他们是和平共处的手工业者。

“精英”的政府

尽管荷马史诗一直描绘全权君主的形象（以阿伽门农为代表的“瓦纳克斯”、军事统领），但实际上反映了在黑暗时代为城邦建立新社会模式的“巴赛勒斯”的确切形象。

应该记住“巴赛勒斯”仅是平等个体的其中之一，其行政、司法、军事和宗教职能被分配给了最有权势的家族成员。这些家族霸占了最肥沃的土地，放牧家畜和马匹。他们组成了地主精英，并自称

普林尼阿斯骑兵

公元前7世纪的大理石浮雕，出土自克里特岛的普林尼阿斯（P-inias）。拥有马匹象征着希腊贵族的伟大。在战争期间，他们亲自率领军队（现藏于伊拉克利翁考古博物馆）。

“áristoi”，即“精英”。只有在斯巴达还幸存了部分“巴赛勒斯”，体现为两位君主共同统治。由出身神秘的地方长官——斯巴达的监察官评判他们的行为并严格限制他们的权力。

以古代英雄为楷模的贵族阶级成为城邦的首领，其成员共享不同的权力范围，根据当地的需要和特性，创建针对每个城邦特定的政府模式。这种由少数人控制的“寡头”制度（来自“oligos”和“arkhé”，分别意为“小”和“权力”）是为了应对社会变革而强行产生的。

人口的增加，以及邻近城邦之间权力平衡的演变，有时会导致领土冲突，需要建立一个比“巴赛勒斯”所执行的简单行政机构更为复杂的社会组织。这就是为什么除了特定的职位（执政官和其他为涵盖不同权力范围而设立的地方官员），还设立了委员会（boulè）。

委员会成员自贵族精英中挑选。雅典的世袭贵族（Les Eupatrides）和科林斯的巴基亚德斯家族（les Bacchiades）是这些“精英”群体中最突出的两个代表，他们在古风时代的希腊执掌城邦之权。他们拥有土地，即使面积不大，还有优质马匹和来自异国东方的奢侈品，这便使得这些希腊贵族成为古代英雄精神的守护者。因此，他们声称自己是古代英雄的直接继任者，并且得到社群的认可和尊重。

作为回报，他们承担了与其他城邦缔结的条约或对其发动的战争所产生的责任和义务。通过“克塞尼亚”（xenía）制度，即对任何到达住所的旅行者应尽的款待义务，他们的阶级身份将其提升到城邦本身之上。对于贵族来说，“克塞尼亚”构成了一个涉及不同氏族之间联盟的社会政治契约。

这一义务网络，深深植根于荷马的作品（特洛伊王子帕里斯抢走了斯巴达国王的妻子，公然违反了联盟契约，从而拉开了特洛伊战争的序幕），很快就超越了简单的贵族制框架，成为城邦内部的一种普遍做法。这种好客法则建立了一种世袭的神圣纽带，即使“主人”属于因冲突而敌对的群体，这种纽带也仍然存在。

在《伊利亚特》的一段著名段落中，格劳科斯和狄俄墨得斯战士避免了互相争斗，因为好客的美德将他们团结在一起："你很早就是我的祖辈家里的客人，因为神样的奥纽斯在厅堂里款待过伟大的柏勒罗丰，留了他 20 天。他们还互相赠送宾主间的精美礼物，奥纽斯献上了一条发亮的紫色腰带，柏勒罗丰收到了一只黄金的双重杯，我出来的时候把它留在了我的宫殿里……"

"因此，在阿尔戈斯，我是你的主人，等有一天我也许会去吕西亚，你便是我的主人。让我们在战争的喧嚣中不要针锋相对。"（《伊利亚特》，第六卷）确实，外国人出行不需要带行李。然而，一路上，他得到的不仅是食宿，还有各种符合庄严契约价值的名贵礼物。

竞技精神

在战争期间，贵族在战马上夺取了城邦政权。为此，他们熟知如何在战场上展现非凡的战斗品质。虽然随着重装步兵阶级的出现，他们作为社群保护者的职责已经淡化，但在最初仍保留了政治权威。最重要的是，他们建立了一种基于对抗心态（来自希腊语"agón"，意为"对抗"）的理想。

一旦精英的军事职能消失了，其起源于《荷马史诗》的竞技精神就转向了文化领域。这种新的生活方式催生了令人难忘的诗歌作品，如阿尔克曼、凯奥斯岛的西摩尼得斯或品达的颂歌，以及希腊人留给西方文明的主要遗产之一——奥林匹克运动会。

正是贵族在公元前 8 世纪初创造了奥林匹克运动会（希腊人将第一届奥运会追溯到公元前 776 年），以及其他泛希腊体育赛会，如科林斯地峡、皮提亚和尼米亚竞技会。他们在赛马和战车这两项壮观的赛事中脱颖而出，尽管在大多数情况下，他们只是将马匹和战车作为华丽的坐骑。

贵族生活的巅峰是在奥林匹亚战车比赛中获得一场胜利，正如品达在他对大型运动会胜利者的宏伟颂歌中所吟诵的那样："七弦琴的至高颂歌，现在我们应该歌颂哪位神、英雄或人物呢？因为比萨属于宙斯，赫拉克勒斯凭借他的功绩创立了奥林匹克运动会。西伦驾驶其四马二轮战车获得胜利，现在必须为其高唱颂歌。他是

希腊贵族的仪式宴会

特权阶层在家中庆祝节日和举办宴会，并邀请朋友和有影响力的公众人物——仅限男性。通常，他们通过忠诚的紧密联系或共同的政治承诺而团结在一起。“饮酒者聚会”（symposion）是宴会的高潮。饭后，仆人们打扫干净宴会专用房间（andrón），收拾走庆祝活动中使用的奢华餐具。

仪式洗礼，祈祷和祭品标志着宴会的开始。然后推选酒会（symposiarque）司仪，晚会终于可以开始了。葡萄酒供应丰富，虽然用水稀释，但大家还是会喝醉。喝酒用的是基里克斯陶杯，如下图所示，陶杯上的红色人物是一名重装步兵（现藏于伦敦大英博物馆）。壁画或陶瓷上绘制的多个场景，还原了宴会的节日氛围。它们与文学描述中突出的优雅气氛形成鲜明对比。尽管如此，这些宴会代表了社交生活中的重要时刻。在仪式宴会上饮酒是社交的一部分，即使诗人建议饮酒适度：“酒多饮是恶，慎饮则非恶而善。”［特奥格尼斯（Théognis），第510页］

一个正直的人，尊重宾客，出身名门，作为他祖先的可敬后裔，指明了城邦的前进道路。”（《奥林匹亚颂歌》，第二首）

贵族在抒情作品中颂扬他们的生活方式，这些作品经常在著名的宴会（symposion）仪式中流传。这种宴会可以追溯到公元前 8 世纪中叶，通常有十几位贵族参加。在这种情况下，这些伙友（hetairoi）或“同伴”（在史诗中为战友）以酒为标志庆祝他们的友谊。

由被任命的宴会负责人决定宴会上的规则，特别是关于酒中兑水的比例。拒不服从者将受到相应的“惩罚”。例如，违规者必须赤身裸体地跑过大厅。

❶ **酒的稀释** 仆人将双耳瓶盛的酒倒入双耳爵，然后加入大罐子（kalpis）装的水。通常将三份水与两份酒混合，或将两份水与一份酒混合。

❷ **躺卧餐桌** 宾客躺卧在三斜躺椅上饮酒、用餐，进行各种消遣，躺椅旁边摆放一些便携小桌，躺椅下面放有容器，可供客人将喝得过多的酒吐出来。

❸ **仪式宴会** 来宾选出的宴会司仪或宴会之王，负责决定敬酒和敬酒对象，决定在酒中兑水的比例，决定活跃宴会气氛的活动形式——辩论主题、游戏、音乐或舞蹈等。

❹ **高等妓女或歌伎** 她们是唯一获准参加仪式宴会的女性；还有舞者，她们的服务需要收费。高等妓女赤身裸体地躺在客人身边的三斜躺椅上，和他们一起玩乐和饮酒。

❺ **投酒游戏** 这种考验技巧的游戏是要将最后剩下的酒甩进一个容器中。如果命中目标，就可以赢得奖品，比如一块蛋糕、一件首饰或一件衣服。引申出的一种玩法是用酒渣将一根金属棒上的圆盘击落。

宾客躺在长凳上，将第一滴酒倒在地上以纪念众神，然后在双耳爵中混合水与酒。长笛演奏者和为该场宴会请来的舞者为宴会增添气氛（除歌伎外，其他女性均不得入内）。与会者就选定的主题进行辩论。他们还可以吟诵诗歌、尝试解谜或其他技巧游戏。

在这些宴会上最受欢迎的消遣是一种考验技巧的游戏，即“投酒游戏”（cottabe）：把杯里剩余的酒甩到一个目标（一个盘子或一个玻璃杯）上，同时喊出心爱之人的名字。如果命中目标，就是一个好兆头。动作的优雅与灵巧同样重要，决定了谁能获胜。

阿提卡双耳爵

这种容器盛有掺水的酒，是宴会上最常见的容器。公元前6世纪（现藏于牛津阿什莫尔博物馆）。

视觉艺术给我们留下了这些令人难忘的宴会的表现形式，其间感性而精致的消遣掩盖了真正的社会规范。这些仪式宴会是贵族生活的重要组成部分，强化了“精英”作为统治阶级成员的身份，并证实了他们的生活方式来自其声望。他们不仅在这些充满爱与美酒的节日期间保持这种形象，而且在战争中，他们也必须以此证明自己的卓越。

然而，他们的霸权将在其达到顶峰的地方粉碎——在战场上。根据荷马描述的战争故事将希腊贵族所进行的终极战斗流传至今。

利兰丁战争

在维奥蒂亚和阿提卡海岸对面的埃维亚岛，哈尔基斯和埃雷特里亚两座城邦在古代早期扮演了重要角色。它们一起成为希腊在地中海殖民的先行者。然而，在公元前 8 世纪的最后几十年，这两座姐妹城邦兵戎相见，在两城天然界域利兰丁平原上展开激战。

冲突的起因至今仍然不明，可能是由两个相邻的贵族社群之间的领土纷争引起的。起初，这场纷争在当地引发了许多希腊城邦的连锁对抗，冲突背景是殖民地的利益之争。埃雷特里亚和哈尔基斯确实是地中海商业网络的核心。

在这种政治格局中，作为海上贸易主要受益者的贵族，与外国政要建立了友情的纽带（如上文叙述的格劳科斯和狄俄墨得斯的例子）。这些关系使他们自立为各自社群的代表。这些由贵族精英建立的“外交关系”将在利兰丁战争中上升到“国际”高度。

同盟和零星的战斗

随后，希腊世界不得不选边站。正如修昔底德在《伯罗奔尼撒战争史》中指出的那样：“在曾经的哈尔基斯和埃雷特里亚之战中，我们看到希腊其他地区的大多数国家从盟友走向分裂。”（《伯罗奔尼撒战争史》，第一卷，第 15 页）修昔底德、希罗多德和后来的普鲁塔克都提到，当时在希腊土地上形成了一张同盟地图，

埃雷特里亚和哈尔基斯：利兰丁战争的参战双方

哈尔基斯是如今埃维亚岛的首府，在迈锡尼时期就已有人居住。在公元前 8 世纪和公元前 7 世纪，哈尔基斯发展了一项重要的殖民活动。虽然它在利兰丁战争中取得了胜利，但在公元前 6 世纪与雅典一战后衰落。很久以后的公元前 322 年，哲学家亚里士多德正是出生在这座城市。

埃雷特里亚也位于埃维亚岛上，在与哈尔基斯开战时也曾是一座繁荣的城邦，后在利兰丁战争中战败。这次失败导致其丧失了在维奥蒂亚的领土，迫使其在爱琴海北部、马其顿海岸、西西里岛和意大利半岛的土地上进行殖民。在公元前6世纪，埃雷特里亚是与雅典结为同盟的城邦之一。在荷马的《伊利亚特》中，哈尔基斯和埃雷特里亚是为派遣军队参加特洛伊战争的城邦之列。

插图　忒休斯和亚马逊女王安提奥普，绘于在公元前500年左右埃雷特里亚阿波罗神庙的多立克雕塑碎片上（现藏于哈尔基斯考古博物馆）。

这张地图直到伯罗奔尼撒战争时期才再次出现，其间各城邦分别与雅典或斯巴达同盟。

利兰丁战争期间，同盟分布大概如下：埃雷特里亚阵营包括米利都、墨伽拉、阿尔戈斯、米蒂利尼、埃伊纳岛、希俄斯岛和维奥蒂亚等城市；哈尔基斯阵营包括其殖民地（纳克索斯、卡塔尼亚、莱昂蒂尼……）、萨摩斯、科林斯及其殖民地（克尔基拉和叙拉古）、雅典、斯巴达和色萨利。

我们所掌握的证据表明利兰丁平原的两大集团之间没有发生直接对抗，而是在很长一段时间内进行了零星的战斗。这场斗争给希腊在地中海的扩张留下了印记：哈尔基斯和科林斯将埃雷特里亚排除在新的西方版图之外，埃雷特里亚不得不向黑海进行殖民扩张。

冲突的持续时间和确切结果至今仍然不明朗，尽管哈尔基斯盟友的影响力和参战的各城邦的发展表明哈尔基斯取得了胜利。一则德尔斐神谕颂扬了位于著名泉水附近的哈尔基斯勇士的功绩："色萨利的骑兵、拉塞代蒙（即斯巴达）的妇女以及饮用美丽的阿瑞图萨之水的民族比世界其他地方都更胜一筹。"（《普法尔茨选集》（*Anthologie Palatine*），第十四卷，第 73 页）

我们可以假设利兰丁平原［"利兰丁的上等葡萄园被夷为平地"（《哀歌》，第 890 行），诗人特奥格尼斯所作，暗指那里发生的斗争］不是荷马史诗级别的战场，但至少是根据《伊利亚特》和《奥德赛》英雄所珍视的贵族规则所发生对抗的地方。那时，著名诗人阿尔基洛科斯弹着里拉琴唱出这样的诗句："在平原上，阿瑞斯挑起混战，万弓不张，千弹不发；正是剑在呻吟中所向披靡，因为这就是著名的战士，埃维亚的主人所珍视的斗争。"（阿尔基洛科斯，第 3 节）

几个世纪后，在埃雷特里亚以东 8 公里的阿马林索斯（Amarynthos），旅行家斯特拉博在阿尔忒弥斯神庙沉思时在其铭文上发现了这些句子。铭文禁止使用投掷武器，如投石索、弓箭或标枪。斯特拉博提到的另一段铭文称颂了埃维亚岛的强大军队：3000 名步兵、600 名骑兵和 70 辆战车。

英雄与坟墓

哈尔基斯和埃雷特里亚的贵族一个接一个地在肉搏战中倒下。他们为城邦牺牲生命，从而成为英雄。约公元前 720 年，一位不知名的埃雷特里亚战士和他的剑、长矛、腓尼基圣甲虫像和青铜权杖一起被火葬，这些随身物品证明了其军事贵族的身份；其下一代的 6 名成年人（推测来自同一家族）也被火葬，按拱形排列在他的遗体周围。

在哈尔基斯，英雄同样被授予荣誉。在《工作与时日》中，赫西俄德讲述了他穿越将维奥蒂亚与埃维亚岛隔开

被秃鹰撕扯的战士

利兰丁战争可能持续了很长时间，但人们对这场冲突知之甚少。我们无从知晓其起因和开战的确切日期。公元前 7 世纪的陶瓷（现藏于埃雷特里亚考古博物馆）。

青铜战士

公元前7世纪中叶出土自奥林匹亚的小雕像（私人收藏）。重装步兵构成了一个新的社会阶层，将在希腊的政治转型中发挥非常积极的作用。

的海峡去参加某位安菲达玛斯人（Amphidamas）的葬礼。他为这位贵族创作了一首歌曲。普鲁塔克在《道德论集》中指出，许多诗人都来悼念这位英雄，他“重创了埃雷特里亚人，阵亡于利兰丁平原的战斗之中”。

普鲁塔克还提到了色萨利骑兵为哈尔基斯提供的帮助，以数量优势上挫败了埃雷特里亚骑兵。这一次，色萨利将领克利奥马科斯（Cléomaque）荣幸地被安葬在哈尔基斯广场，因为其作为贵族，生死之礼均符合荷马所描绘的规范准则。

正如我们刚刚看到的，在一个不断发生领土摩擦的世界中，城邦居民拿起武器自卫并不罕见，至少在城邦存续期间发生过两次。

公元前 7 世纪初，军事战术发生了决定性的变化：贵族式的单挑和“精英”的骑兵冲锋均让位于重装步兵（来自“hóplon”，意即“盾牌”）战术。这些重装步兵部队（重装步兵的装备估计重 36 公斤）以密集编队作战，挥舞盾牌和长矛相互对抗。

基吉花瓶

这只花瓶是重装步兵对阵的最佳例证，得名于其发现的意大利地区。在左边的队形后面，可以看到双簧管（aulète 或 aulós）演奏者，他们的音乐被用来保持进行曲的节奏。公元前 7 世纪（现藏于罗马国家伊特鲁里亚博物馆）。

防守与进攻：重装装备

公元前8世纪到公元前7世纪，出现了一种不再像史诗中的贵族英雄一样单打独斗的士兵。这些战士肩并肩，形成了一面巨大的移动墙，称为方阵，向敌军前进。这种新类别的士兵——重装步兵（les hoplites），得名于他们装备的36公斤重的武器（“hóplon”意为“盾牌”），并且特别适合这种正面攻击战术。

插图　德尔斐锡弗诺斯宝库的外檐壁部分。

① **科林斯式头盔**　在正面攻击中，头盔可以充分保护战士的头部和面部。这种头盔被称为“科林斯式”头盔，因为其首次发现于科林斯式陶瓷上，例如，著名的基吉花瓶。这种头盔让士兵们看起来富有攻击性，且残酷无情。

② **护胸甲**　自从在登德拉发现了巨大的迈锡尼盔甲以来，胸甲已经进化到既可以提高战斗人员的机动性，同时保持其防御效果。最初的胸甲虽然覆盖整个身体，但只能保护躯干免受重装步兵的伤害，而颈部和小腹则裸露在外。再后来，胸甲采用硬化亚麻制成。

③ **护胫**　荷马在诗中提到穿戴华丽护胫的阿尔戈斯人【Argiens，亚该亚人（Achaeans）的同义词】。这强调了护腿或护胫的重要性，可以从膝盖到脚踝保护士兵。它们为战士提供了比过去使用的全装甲更灵活的机动性。有时，重装步兵只穿一件护胫，保护最常伸出的腿。

④ **盾牌**　重装步兵的主要装备是盾牌（hóplon），士兵握住盾牌上的把手和臂铠，将其固定在前臂上。盾牌直径超过1米，重达10公斤。由弯曲相连的木板制成，外层覆有青铜，上绘蛇发女妖戈耳工等恐怖图案以威吓对手。

青铜之墙

重装步兵在头盔、胸甲和盾牌的保护下，手持长矛，在双簧管的奏乐声中行进。

头盔由青铜制成，为保护士兵的头部，牺牲了有限的机动性，而机动性在重装步兵的战斗类型中是次要的。

公元前8世纪的最初胸甲模型，大致勾勒出了战士的身体轮廓。

重装步兵的长矛（dóry）长3米。长矛是士兵的主要武器，其次是剑。

重装步兵战术

在这种由 4 到 8 排组成的新型阵型中，士兵们用凸面圆形盾牌保护自己。盾牌直径约 50 厘米，创新配备了双把手，可固定在上臂和前臂，因此用一只手即可握住。这样，每个重装步兵都可以护住自己的半个身体和身旁人的半个身体。这种阵型就像一道不可穿透的青铜之墙，竖立着一片闪闪发光的长矛森林。

重装步兵的装备还包括科林斯式头盔。头盔由一整块青铜板制成，巧妙地覆盖整个头部，只有一个“T”形开口露出嘴巴和眼睛。因此，佩戴的人必须直视前方，即看向对立阵营的那排战士。战士是名副其实的“战争工具”，他们在巨大的盾牌上绘制诸如蛇发女妖戈耳工等恐怖的图案，用以威吓对方。

全副甲胄的出现可追溯到公元前 720 年左右，迄今最古老的一副甲胄发现于一名士兵的墓中。当时的军事战术很快将这一装备发挥到极致：主要是通过向前推进或与敌军正面碰撞，用剑或矛猛击来攻占领地，直到对面的人墙破裂和瓦解。著名的基吉花瓶（科林斯工艺）是最好的例证，瓶身描绘了敌对双方阵型的冲突。

当两军中的一支最终让出阵地时，士兵们狼狈逃窜，将沉重的盾牌丢弃在战场上，虽然战士荣誉规定他们不能丢盔弃甲，但类似情形仍有发生。当一方失去对地形的控制时，战斗即结束。结果就是，即使最前线的重装步兵战死，整支军队的死亡率也不会很高。

在成功击退敌人后，胜利者会竖起一个由石头或战败者的武器组成的小丘。如果没有这个条件的话，他们会拿出一件盔甲挂在木桩上。名词“tropaion”（来自“tropé”，意为“改变方向”）被用来指称胜利者堆积的沾满鲜血的武器。从这个词衍生出“战利品”（trophée）一词。

对现代人而言，重装步兵的做法可能看起来很粗野，但是应该记住，“青铜时代的人们”盾对盾的冲突之间遵循着某种仪式。此外，由于战术和武器的进步，希腊重装步兵成为东地中海最高效的军事力量。这种情况至少持续了 5 个世纪，直到

马其顿步兵方阵在公元前 2 世纪初悲惨的库诺斯克法莱战役中被罗马军团击败。

公民与士兵

武器和战术的演变发生在公元前 8 世纪和公元前 7 世纪，不仅影响了军事场景，还影响了希腊社会和政治领域。部分人口通过贸易和手工艺生产致富，他们的活力来自与地中海其他民族的交往，这有利于新社会阶级的出现。这个对“精

米克诺斯的陶缸（Pithos）

陶器碎片。装饰画描绘了特洛伊战争期间战士对妇女和儿童的攻击。公元前 7 世纪（现藏于米克诺斯考古博物馆）。

英”的统治提出异议的团体在新的城市保卫组织中找到了支持其主张的依据。

事实上，任何有能力获得重装武器的人现在都可以像贵族一样参与战斗。组成新的重装步兵的士兵在社会阶级上处于中等地位。独立的农民和小地主也是社群的守护者，这相当于数千名士兵的力量。

于是，父子、兄弟和朋友并肩作战，使这场斗争的维度超越了贵族的个人荣誉准则，一种新的公民伦理诞生了。重装步兵时代的战争是为城邦服务的，正如斯巴达的提尔泰奥斯这样的士兵诗人所记录的："英勇杀敌为祖国而战，死于最前线最美好。"（提尔泰奥斯作品，第6节）

古风时期的战歌巧妙地传达了一种新的情感，植根于古老的史诗道德。诗人号召他的同时代人像过去的英雄一样战斗。但他所说的战士并不是荷马所吟唱的军事首领，他们追求的是个人的声望和荣誉。步兵全副盔甲，身披巨盾，与战友并列前进，已然不同于荷马笔下贵族作为战士的形象：走下战车，报上姓名和家系，然后独自战斗。

随着这种新的、更民主的军事实践，个人的胆识消失了，上帝灌输给战士的愤怒（menos）也消失了。如果在战斗的关键时刻，重装步兵放弃了在方阵中的位置，就会留下一个没有保护的同伴。就像在城邦一样，公民可以互换，重装步兵与方阵的其他成员相似。其个人价值居于共同努力之后。

从此，诗人激励社群奋起保卫城邦及其肥沃的土地。贵族们通过在体育比赛中展现力量和敏捷所追求的无限荣耀，他们身体之健美，与生俱来的高贵和在宴会上的行为魅力不再是人们所追求的。为祖国和家族而战：这就是重装步兵的新道义。为城邦而死本身就是光荣的，在战场上出身的高贵与否不再重要。

虽然老式的决斗并没有消失（如在利兰丁战争中），但贵族已经失去了作为城市主要战斗力量的光环。从此，“精英”与普通公民之间的差距不复存在，重装步兵阶级可以要求改变游戏规则。而一些遭同类排挤失去社会地位的贵族，成功上位成为新兴阶级的首领。

僭主政治时代

虽然无法断言从重装步兵到僭主的历史过程具有直接的因果关系，但人们普遍认为，重装步兵改革带来了强烈的政治影响。通过提倡平等主义价值观，人们对僭主主导地位的寡头政治提出了质疑，正是在军事贵族危机的背景下，僭主政治蓬勃发展，有时得益于大贵族家庭之间的自相倾轧，有时是民心所向。后来的文献资料赋予僭主负面的形象，将其描绘为狂妄、出格和不公正的化身。

希罗多德在《历史》中描绘了一个可怖之人的奇异愿景，下令阉割 300 名科孚岛（Corcyre）的年轻贵族（由于萨摩

提洛岛的石狮圣道

历任僭主尤为捍卫此地的神圣性。庇西特拉图偏爱提洛岛的伊奥尼亚阿波罗神庙，而非德尔斐的阿波罗神庙，因为后者过于接近贵族形象。为了向神灵致敬，他领导了一次全岛的“净化”，下令转移埋在圣殿中的尸体。

公元前 7 世纪至公元前 5 世纪希腊世界的僭主政治

公元前 7 世纪到公元前 5 世纪，僭主政治或专制政体统治着许多希腊城邦。最初在古希腊语境中，“týrannos”一词并不是贬义词，通常指的是了不起的人物。几乎所有的僭主政治诞生的背景都是出现了打破国内和平的经济和社会危机。

在某些情况下，僭主是一位受欢迎的领袖，他背负着社会某些阶层的苦难和诉求，比如，相对于传统的贵族利益的农民或其他新兴阶级。在其他情况下，僭主与受到威胁的贵族结盟，或者在其他僭主、流放者或雇佣军的支持下从外部征服城市。一旦掌权，紧张局势平息后，新统治者对反对他的贵族不留情面，会将他们流放并没收他们的财产。同时，他也会保护和奖励那些支持他的人。因此，庇西特拉图极大地改善了雅典农民的境况。但有些僭主却滥用私权，只为维护和巩固自己的专制统治，甚至使其成为世袭制。阿尔戈斯的菲敦是伯罗奔尼撒的第一位僭主。

插图 银币。这枚银币纪念了僭主盖伦（Gélon）的胜利，他于公元前480年左右在希梅拉战胜了迦太基人。

斯人的干预被及时制止），围捕科林斯的妇女并撕掉她们的衣服，杀害孕妇以她们死后的身体作乐，与母亲发生乱伦关系，为了友好城镇的利益不惜自损，并制订了一个绝灭敌人的计划。

希罗多德如此描述之人，正是公元前 7 世纪末和公元前 6 世纪初科林斯的僭主佩里安德。然而，第欧根尼·拉尔修（Diogène Laërce）在《名哲言行录》中称其为希腊七圣之一，此七人的政治观念流传甚广。此外，根据德尔斐神谕，佩里安德注定要“带领科林斯走上正义的道路”。

僭主——饱受争议的人物——带领一众希腊城邦走向辉煌。但他们的专制行为使“týrannos”这一词汇染上了永恒

的污点。荷马并不知道这个从吕底亚借鉴而来的词。在这个西亚王国，篡位者古格斯（Gygès）于公元前 7 世纪末夺取了王位。仅仅几十年后，"týrannos"一词已经用来指代在某些希腊城邦建立个人威权的独裁者。

僭主政治时代从公元前 7 世纪中叶延续到公元前 6 世纪末。公元前 510 年左右，哈尔摩狄奥斯和阿里斯托革顿刺杀了庇西特拉图之子希庇亚斯和希帕克斯，标志着这个时代的结束。从此，重装步兵的出现创造了新的力量平衡，加剧了贵族群体之间的对立，他们因价值观的丧失而迷失方向。人们普遍认为，僭主是贵族阶级的边缘化成员，他们建立了新的社会秩序。

王室式微

来自殖民地的财富流入和城邦间贸易的发展导致资源在人口中分散，为统治阶级的传统统治带来了挑战。新的城市阶层的出现及其限制导致了一场严重的社会危机，由此产生了有争议的人物——僭主。

僭主削弱了古代种姓成员法律之内的权利，加强了他们在法律之外的权利。他们还垄断了最发达城邦的政府，就像过去的“巴赛勒斯”一样，不过是退化的版本。后来的政治理论把僭主政治等同于王室式微，王室也是按照规则和习俗行使权力。

根据亚里士多德的说法，第一批僭主“是由于国王超越了他们古老的特权并倾向于专制地使用权力”（《政治学》，卷五）。历史学家修昔底德也曾以类似的方式阐述了这一观点：“因为希腊的势力增加，获得金钱的重要性越来越明显，几乎所有的城市都建立了僭主政治（古老的政体是世袭君主制，君主有确定的权力和限制）。”（《伯罗奔尼撒战争史》，第一卷，第 13 页）

僭主政治似乎是在阿尔戈斯诞生的，在那里，重装步兵军事系统的创造者菲敦通过武器征服了权力。阿尔戈斯之后，科林斯出现了僭主库普塞洛斯。库普塞洛斯早年遭到贵族巴基亚德斯家族的放逐，因为他的母亲违反了氏族的内婚规则，与氏族以外的人结婚。于是，那些被排除在种族之外的人打破了贵族的平衡和霸权。这导致了频繁的暴力事件，最终以决心用武力夺取政权的野心之人出手干预而告终。

亚里士多德的解析

在《政治学》中，亚里士多德清楚地分析了城邦的军事分支与宪法组织之间的联系：“在希腊人中，继承王室的最古老的共和国由战士组成，甚至在其原始形式中也主要是骑兵；但是随着国家的扩张和步兵战斗力的增强，越来越多的人参与了公共生活。”（《政治学》，卷六，第 10 页）

此外，亚里士多德还强调了僭主向民众展示自己作为反对寡头政体的拥护者的

佩里安德与古希腊七贤：一群非凡之人

当城邦在公元前 6 世纪制定了第一部成文法时，立法者或有影响力者自称公民秩序的向导。由于他们沉稳温和，政治能力突出，被称为贤人。总共有七位贤人，每人都与一个特定的城邦有关：例如，米利都、科林斯、雅典或斯巴达。

按照惯例数量是七人——对七位名人的组成有不同版本——古希腊七贤被认为是哲学家出现之前的智慧化身。统称“七贤”是因为他们有能力通过政治和解的艺术来安抚因城邦的扩张而导致的社会紧张局势。雅典的梭伦便是如此。在普里埃内，毕阿斯以伸张正义而闻名。在米蒂利尼，庇塔库斯通过调解成功地平息了当地的纷争。林多斯的克利奥布勒和斯巴达的奇隆致力于建立社会平衡，科林斯的佩里安德（下图为其半身像）也是如此。然而，佩里安德的特点是行为举止更专制独裁——对此希罗多德不惜笔墨——这也使他在最著名的僭主名单中占有一席之地。但是，如果说其中一人最能配得上“贤者”的崇高称号，那就是米利都的泰勒斯。他通过理性论证提出了一种不受宗教或神话影响的对现实的解释，从而开辟了一条通往哲学和科学的道路。

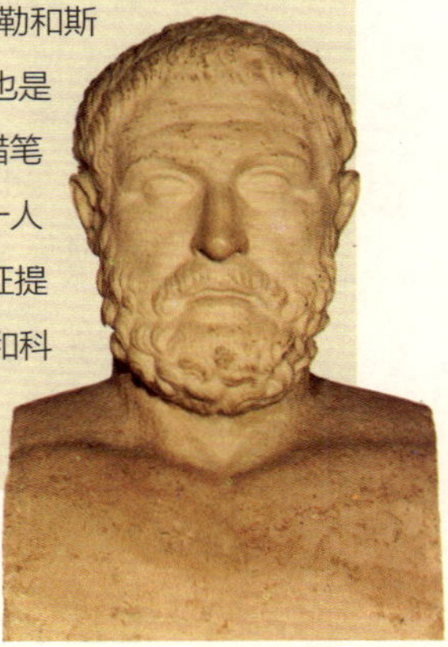

方式：“僭主从人民和群众中来，以保护他们免受显贵的侵害，让人民不会受到他们的压迫。事实清楚地说明了最后一点：可以说，绝大多数的僭主都是蛊惑人心的政客，他们通过诋毁权贵赢得了民众的信任。”（《政治学》，卷八，第 8 页）

库普塞洛斯及其子佩里安德在公元前 657 年至公元前 585 年间掌权。他们充满活力的执政使科林斯登上了希腊世界的顶峰。约公元前 7 世纪中叶，特阿格勒斯接任为墨伽拉的首领。公元前 6 世纪，庇西特拉图在三次尝试后成为雅典僭主。阿尔凯奥斯的诗歌追溯了米蒂利尼城和小亚细亚沿岸僭主的继承。

从战败者的角度来看，有些作品反映了这段冲突，呼吁对僭主进行报复：“去吧，怀着仁慈的心听我们的祈祷，拯救我们脱离当前的苦恼和痛苦的流放。至于希拉斯（Hyrras）之子（僭主庇塔库斯），让这些人中的厄里倪斯（复仇女神）去追捕他，因为不久前我们签订契约发过誓……永远不会背叛我们的同伴，但是，或者死于撒谎，被大地所覆盖，成为当时掌权人的受害者，或者杀死他们，拯救人民免受他们的折磨。他（pansu）并没有像他们预料的那样讲道理，而是践踏誓言，毫无顾忌地吞噬了这座城邦和我们……”（阿尔凯奥斯作品，第 129 节）

与此同时，在同一地区，米利都在僭主特拉叙布洛斯统治期间达到了繁荣的顶峰。而萨摩斯的波利克拉特斯（公元前 538 年—公元前 522 年）保护了他的岛屿免受波斯的影响。他的超凡魅力激起了希罗多德的钦佩，和修昔底德一样，他们为其建立的海上帝国献上了赞颂的诗句。除此之外，萨摩斯的僭主是希罗多德笔下最引人入胜的古代逸事的主人公。

根据希罗多德的叙述，波利克拉特斯写信给他的私人朋友法老阿摩西斯二世（Ahmosis Ⅱ），告诉他他的日子过得幸福如意。埃及法老回信说，为了不引起众神的嫉妒，他应该舍弃一件最心爱的宝物。波利克拉特斯听从了这个友好的建议，将一枚一直佩戴的、饰有印章的金戒指扔进大海。一周后，有个渔夫送来一条大鱼。御厨在清洗鱼腹的时候，竟然发现那枚戒指藏在里面。得知此事后，阿摩西斯二世断绝了与波利克拉特斯的友谊——确实，当众神要波利克拉特斯为他的好运付出代价时，阿摩西斯二世并不想受到牵连。像大多数僭主一样，萨摩斯的僭主波利克拉特斯的结局终是惨淡。

进入古典时期，卓越的僭主和果敢的行动派老狄奥尼西奥斯“一生都活在秘密的阴谋之中，因此他总是在衣服里面穿上铁胸甲”。他于公元前 405 年至公元前 367 年统治着叙拉古，根据西西里历史学家狄奥多罗斯的说法，“在我们记忆中，老狄奥尼西奥斯是最为重要、统治时间最长的僭主”。正如我们之后将讲到的，只有斯巴达逃脱了僭主的影响。

僭主标志着希腊历史上的一个转折点。在某种程度上，他们为未来民主的到来奠定了基础，因为他们依靠人民来对抗贵族氏族。他们还对贸易和殖民化的发展产生了有益的影响。他们通过推动节日和大众崇拜来促进城邦的文化凝聚力。

僭主的伟大与苦难

僭主偏袒穷人而非富人，有时没收地主的财产并颁布限制他们特权的法律。这就是为什么在僭主名单中，我们发现像雅典人庇西特拉图或佩里安德一样具有超凡魅力和声望的人——更不用说狄奥尼西奥斯——还是各自城邦的经济、商业、手工艺和文化繁荣的缔造者。

他们还建造了神庙、港口和防御工事。他们改善了城市的供水和污水处理系统。佩里安德修建了一条石堤，穿过科林斯地峡（今天的运河）。这条道路有助于贸易的发展，因为装船的货物可以通过这条路线运输，而不必绕过伯罗奔尼撒半岛。此外，僭主还鼓励节日和宗教崇拜，并亲自担任赞助人，同时寻求最优秀的艺术家、建筑师、诗人和思想家为其服务。

至少在第一代僭主的时候，平民和统治者的利益在与（土地、权力和财富）掠夺者的斗争中保持统一战线。但随着平民地位越来越稳固，第二代僭主的地位越来越受到威胁。因此，第二代僭主采取了更加野蛮的做法。这解释了这样一个事实，尽管他们在克服深刻的社会危机方面发挥了重要作用，但僭主政治往往以暴力告终。“týrannos”这个词随后具有了深刻的负面含义，一直延续至今。

为了避免社会冲突，遏制强权和僭主几十年来的权力滥用，城邦发明了新的解决方案：适用于所有人的法律。正是在这种与统治阶级的权力斗争和共同规则发展的背景下，出现了一个具有超强权力的人物，被视为能够平息冲突的天意之人——因此有时具有神性——负责起草立法法典。

立法职责转移给“立法者”（nomothètes）。其享有威望的职能旨在建立权力和能力之间的平衡（eunomía），并通过受神性启发的法律来加强社会结构。具有

叙拉古剧院

这座剧院始建于公元前5世纪，随后经历了多次改建。叙拉古是由僭主统治时间较长的希腊城邦之一。

半神性的“立法者”有雅典人德拉古（Dracon）——从偷盗蔬菜到谋杀，他规定所有罪行均处死刑——以及斯巴达的来库古（Lycurgue）——色诺芬提到其在制定法律时，“他没有模仿其他城邦，甚至与大多数城邦相反，他让人们快乐”（《斯巴达政制》（*Constitution de Sparte*），第一章，第2页）。

雅典的梭伦也是如此，例如，他的监管改革允许最贫穷的公民干预城市事务，并防止负债最多的公民沦为奴隶。这是迈向民主的第一步。

僭主政治有何贡献呢？也许最重要的一点是，它在贵族寡头政治和随之而来的民众政府之间架起了一座桥梁。但这还不是全部，无论是在政治思想上，还是在戏剧舞台上，僭主的形象始终占据最前沿的位置，并且流芳百世。

这是因为僭主体现了个人与城邦之间、强者与适用于所有人的法律之间的深刻冲突，如索福克勒斯的悲剧《安提戈涅》和《俄狄浦斯王》（剧中使用“国王”一词翻译成现代语言，掩盖了希腊语原文“týrannos”）。这些作品强调了僭主的双面性，但也突出了世界在全面转型中的混乱，当中发明了新的社会准则，即城邦的社会准则，从旧的转变而来，即《荷马史诗》中英雄时代的社会准则。这种混乱标志着西方现代性进入了一个代表文明高度的时期。

档案：古代奥林匹克运动会

先在奥林匹亚，然后在德尔斐、尼米亚和科林斯，运动会是希腊人加强联系、颂扬神灵和加强团结的机会。

根据帕萨尼亚斯（Pausanias）等人收集的晚期传统，很可能是赫拉克勒斯创立了奥林匹克运动会。据说这位著名的英雄在改道阿尔菲奥斯河（Alphée）后，组织了一场比赛，并用橄榄枝为获胜者戴上桂冠。运动会停办一段时间后，于公元前 776 年再度举办。对于古人来说，这个时间不仅仅是第一届奥林匹克运动会的举办年，还标志着希腊历史的开始。

然而，应该指出的是，将希腊历史的开端确定为第一届奥运会的举办年，这一

象征性的奖品

桂冠。奥运会的获胜者的奖品只有一顶由奥林匹亚的橄榄树或德尔斐的月桂树等编织而成的桂冠，因为他们的主要奖励是代表了希腊的卓越。

插图（上图） 被胜利女神尼克戴上桂冠的年轻人；意大利南部发现的双耳爵细节（现藏于巴黎卢浮宫博物馆）。

奥林匹亚体育场 这个占地 66 平方米的区域是体育馆的一部分，奥运会的参赛者在这里训练。

推定年代直到公元前 4 世纪才被普遍接受。尽管理所应当对其准确性有所保留，但我们仍然可以肯定，从公元前 8 世纪上半叶开始，希腊人定期组织竞技 [以竞技场（stadion）比赛的获胜者命名]。

竞技会的名声很快使其成为一场真正的赛事，吸引了来自希腊各地，包括海外殖民地的竞技者和观众。赛事发生在为纪念宙斯而举行的宗教节日期间，举办地位于伯罗奔尼撒半岛西部爱利亚（Élide）的奥林匹亚圣殿内。

这种类型的体育赛事很可能可以追溯到黑暗时代。人们经常回想起《伊利亚特》中举行的葬礼运动会：阿喀琉斯组织了一系列赛事（战车比赛、跑步、射箭、拳击、摔跤等），以纪念他亲爱的战友帕特洛克罗斯，他在特洛伊平原上被赫克托耳所杀。

希腊竞技会：历史上的关键时间

公元前776年

第一届奥林匹克运动会 这是传统上公认的在奥林匹亚举行第一届运动会的时间。只组织了一场比赛：竞走比赛，由来自爱利亚（Élis）的科罗布斯（Coroebos）赢得桂冠。

公元前8世纪—公元前7世纪

纪念帕特洛克罗斯的运动会 正如《伊利亚特》中所描述的，葬礼运动会设有战车比赛、摔跤和标枪投掷。

约公元前600年

赫拉神庙 建于奥林匹亚，是其他多立克神庙的典范。女性有自己的运动会，为女神祝圣。

公元前582年—公元前573年

竞技会的传播 德尔斐竞技运动会、科林斯地峡竞技会、尼米亚竞技会。

公元前6世纪—公元前5世纪

胜利的颂歌 诗人西蒙尼德斯、巴克利德斯（Bacchylide），还有品达，为纪念田径比赛的获胜者而写下了“胜利者颂”。

约公元前470年

宙斯神庙 这座位于奥林匹亚的宏伟建筑内设有菲狄亚斯（Phidias）雕刻的神像。这件由黄金和象牙制成的宙斯神像是世界七大奇迹之一。

公元前1世纪—公元1世纪

罗马竞技会 继苏拉（Sylla）将竞技会引入罗马之后，尼禄（Néron）组织了体育赛事，其中还包括音乐赛事。

公元394年

废止竞技会 狄奥多西一世（Théodose）皇帝废止举办奥运会，认为古奥运会有违基督教教旨，是异教徒的活动。

还有一个传说将创造运动会的故事追溯到早于赫拉克勒斯以前。这一传说将运动会的创立归功于伯罗奔尼撒半岛命名的来源——英雄珀罗普斯（Pélops）。

贵族遗产

根据这则创始神话，珀罗普斯在战车比赛中战胜了皮萨（Pisa）国王俄诺玛俄斯（Œnomaos），皮萨是奥林匹亚邻镇，直到公元前572年才组织了运动会。俄诺玛俄斯向女儿希波达弥亚（Hippodamie）的追求者提出了一项挑战：无法在比赛中击败他的人将被处死。当国王与珀罗普斯比赛时，他的战车车轴被御者（驾驶战车的人）破坏了。奥运会便是为了纪念这位不幸的君主而设立的。

这些在神话中很常见的葬礼运动会，只是偶尔举办。但它们作为一种地方比赛的基础，后来激发了奥林匹亚运动会和其他泛希腊运动会的灵感。因此，奥运会被认为是古希腊贵族的主要遗产之一。

的确，尽管体育赛事并不是只允许贵族参赛，但竞技会明显是在贵族背景下出现和发展的。贵族组织竞技会，制定规则，并且按照自己的标准决定要给予的奖励。这一荣誉还能提高贵族在同侪当中的声望。

对于贵族来说，这些比赛是维护和颂扬荷

奥林匹亚圣地——希腊竞技会的宗教中心

奥林匹亚的宗教中心位于伯罗奔尼撒半岛的西部。这里举行日常仪式和各种活动，其中主要是古代奥林匹克运动会，从公元前 776 年开始每 4 年举办一次。这些重要活动使这一圣地在希腊世界的影响力越来越大。后来，诗人、音乐家和修辞学家都奔赴此地敬祝宙斯。奥林匹亚在公元前 8 世纪末的吸引力主要来自圣殿来访者的声望。就声誉而言，仅在奥林匹亚简单停留就远远超过了一个人在社区核心圈子中所能获得的荣誉。有钱人很清楚这一点。来自其他希腊城邦甚至殖民地的人们在展示他们功绩的同时，也确实不遗余力地在那里存放了更多、更丰富的祭品。他们从中获得的荣耀，对他们上升成为其起源城邦的首领大有助益。如若在其中一项比赛获胜，还能为他们赢得所有希腊人的钦佩和尊重。

奥林匹亚局部　这张航拍照片围绕莱昂内达翁（Léonidaion）地区拍摄，莱昂内达翁是该建筑群的主要建筑之一。

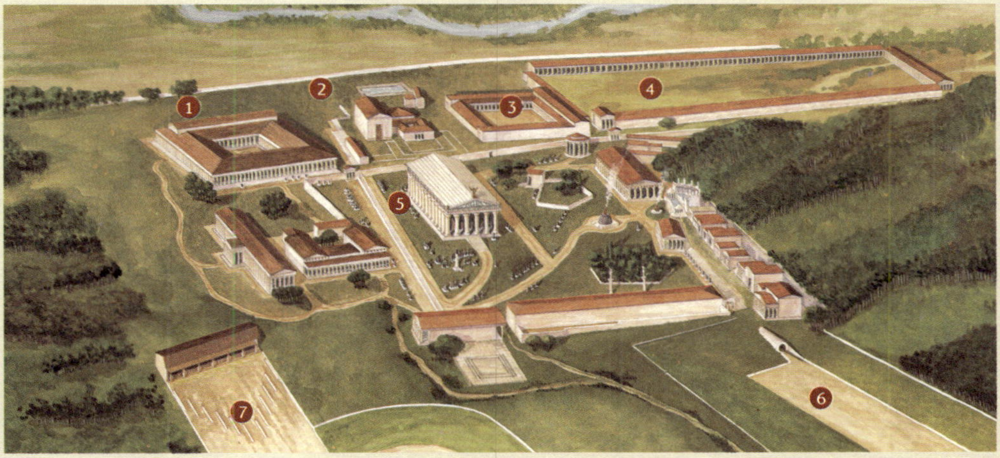

❶ **莱昂内达翁**　这座方形建筑围绕着一个内部庭院建造，各个房间都通向该庭院。参赛者和贵宾均在此住宿。这家旅店的名字来源于其建造师纳克索斯的莱昂内达斯（Léonidas de Naxos）。

❷ **菲狄亚斯工作坊**　艺术家菲狄亚斯在其工作坊里为主宰奥运会的宙斯雕刻了神像。神像高13米，雕刻了宙斯端坐于宝座之上。宙斯神像是世界七大奇迹之一。在运到君士坦丁堡后，毁于劳索斯（Lausos）皇宫的一场大火。

❸ **古希腊体育场（Palestre）**　运动员在这个训练场地全身涂油并接受按摩。

❹ **体育馆**　体育馆在体育场右侧，外围有一排双柱廊。这里是赛跑运动员的训练场地。

❺ **宙斯神庙**　这座令人印象深刻的多立克式建筑建于公元前5世纪下半叶。内殿（naos）安置了菲狄亚斯的杰作——黄金和象牙雕刻而成的宙斯神像。在毁于地震的神庙的右侧，矗立着规模不大的赫拉神庙。

❻ **运动场**　许多赛事在此举办，有一个裁判就座的石制平台。运动场长192米，可容纳两万名观众。

❼ **赛马场**　久负盛名的四驾马车竞技场，赛马场长549米。

马旧式理想之火的一种方式，即永远追求“卓越”（aretè）。比赛还为贵族提供了展示自己绝对优势地位的理想机会。这就是我们谈论希腊人的竞技精神的原因。这个代表当时贵族心态的基本表达方式来自希腊语“agón”（“竞争”），这个词被列入竞技辞典。

宗教节日

此外，由于对贵族生活方式的日益推崇，贵族自己青睐的比赛也成为这些运动会的标志性项目。这种优势在品达为庆祝长期被称为“伟大运动会”的四大赛会的优胜者而创作的“胜利者颂”（奥林匹亚竞技会、皮提亚竞技会、科林斯地峡竞技会和尼米亚竞技会）中显而易见。

就像在荷马的史诗作品中，勇士们梦想通过功绩使自己不朽，奥运冠军试图通过由他们自己、他们的家人或城邦派人吟诵他们荣耀的诗歌，将他们的事迹传给后人。因为虽然运动员以个人名义参加比赛是事实，但他们的胜利会给其所在的城邦带来荣誉。根据普鲁塔克的说法，竞技会的获胜者可以拆除他们自己城市的部分城墙。这寓意着竞技会优胜者的城市不需要城墙来保护。城邦还承担获胜运动员的开销，并且在他们的余生中维持下去，以此赋予他们英雄的尊荣。这些体育比赛是宗教节日的一部分。在这种场合，宙斯通过五项全能冠军在神圣的围场点燃的火焰中现身（这一传统一直延续到今天的奥运圣火点燃仪式）。人们还向神供奉一场百牛大祭，即以“一百头牛”作为牺牲品。为了对恩赐他们获胜的神灵表示感谢，优胜者还会进行祭祀，为祭祀神灵泼洒奠酒。

最后，在许多不同的仪式上，城邦以集体或个人的名义为神灵建造了神庙、祭坛和雕像。在这些作品中，最引人注目的是由雕塑家菲狄亚斯在位于神圣围场外的工作坊制作的巨大宙斯雕像（大到几乎触及神庙的天花板）。

由于其宗教性质，竞技会遵循非常具体的仪式流程。贵族组织丧葬比赛的自由不复存在，而要受到复杂细致的监管。首先一点，只有在法律上没有任何问题的自由希腊人才能参赛。在赛会前的 10 个月里，他们被要求全身心地投入备赛中。

运动场入口　这条隧道建于公元前 3 世纪，可通往举办古代奥林匹克运动会的体育场。

泛希腊活动

参赛运动员在奥林匹亚运动会开始前 1 个月到达爱利亚，接受严格的训练和饮食，也许还有仪式。这项准备工作是在比赛的组织者和裁判（hellanodíkai）的监督下进行的。抵达奥林匹亚后，运动员和裁判员都在宙斯的祭坛前宣誓严格遵守比赛规则。

无论希腊世界存在何种政治分歧，此类活动都强化了共同文化的概念。从夏至后的第二个满月开始，也就是在 6 月底到 8 月初，代表团在宙斯的指引下抵达奥林匹亚的圣地。他们来自希腊各地，目的是展示他们的商品，以及他们的智力成果和艺术作品。

曲棍球（Keritzein）运动 阿提卡的浅浮雕描绘了公元前 5 世纪末期的曲棍球运动的前身（现藏于雅典国家考古博物馆）。

奥林匹亚成为进行商品交易、订立盟约和举行婚礼的地方。舞者、占卜者、江湖医生和其他各色人等——只有已婚妇女不得参加运动会——聚集在这个虽然小但是容易到达的地方，庆祝泛希腊盛会。自公元前 8 世纪以来，城邦之间通过精美的祭品相互竞争，增加了神圣围场的财富和名声。

即使发生战争，也不得禁止游客进入奥林匹亚。事实上，在节日前几天和运动会期间，城邦颁布了为期 1 个月的“神圣休战”（ekekheiría）。即使没有休战，这项公约也保证了参赛者和观众的队伍能够安全地往返各自的城市。公约还帮助使原本在当地范围内的活动成为泛希腊甚至国际范围的活动。因此，在 12 个世纪的时间中（公元前 776 年到公元 4 世纪），竞技会每 4 年举办一次，没有中断。

古代奥林匹克运动会的主要项目

古希腊的奥林匹克运动会规定举办不同的比赛，逐渐演变成一种标准形式。会期为 7 日，但至今无法确切知道比赛顺序。不过，我们知道古希腊举行的主要项目：分为田径项目——赛跑、跳远和标枪投掷，以及不同类型的赛马和摔跤比赛。随着时间的推移，直到今天，其中一些项目几乎没有变化。然而，有些项目则存在差异，例如，跳远，在某些情况下尚未得到完全解释。

拳击和角力 当其中一名参赛选手被击倒在地或宣告弃权，拳击比赛被视为结束。角力的规则和今天的差不多，不同之处在于一个人可以折断对手的手指。搏击是一种拳击和角力相结合的竞技锻炼，除了撕咬和用手指戳对手的眼睛之外，所有的进攻方式都是允许的。

战车比赛 这项赛事在体育场进行 12 轮比赛。对于贵族来说，这是一个展现他们的威望、身体素质和财富的机会。事实上，获得奖项的四轮马车所有者经常亲自驾驶自己的战车参加比赛。女性也可以作为所有者赢得比赛。

赛跑 最古老的赛事，称为“stadion”，在 192 米长的赛道上进行。另一项比赛是相同距离的往返跑。还有一场全程超过 24 圈（近 5 公里）的耐力赛，另一场需要运动员穿着重约 36 公斤的重型装甲完成比赛。

掷铁饼 本项比赛的目的是尽可能将铁饼抛得远，越远越好，运动员动作的节奏和精准度与他的体力一样重要。铁饼由石头、铁、青铜或铅制成。铁饼的大小和重量因参赛者的类别而异，参赛者可以是成年男性或孩童。

跳远 运动员两手各持一个重量在 1 到 5 公斤的重物进行跳跃。毫无疑问，他们可以连续进行多次跳跃。这就解释了为什么一名运动员进行 5 次跳跃，每次跳跃之间暂停，可以达到 16 米之远。

掷标枪 标枪由木头制成，饰有金属尖头，长度与人相当。投掷者握住杆上的皮革手柄掷出标枪，以使其速度更快。掷标枪和赛跑、角力、掷铁饼和跳远一起构成了古希腊的五项竞技运动。

帕埃斯图姆（Paestum）的赫拉神殿

这座意大利城市曾是公元前 7 世纪的希腊殖民地。

插图（右侧）绘有船只的陶瓷碎片（公元前 6 世纪，现藏于巴黎卢浮宫博物馆）。

古希腊殖民地

殖民化结束时，在公元前 6 世纪，整个地中海沿岸都有希腊世界的印记。从遥远的西方到荒凉的黑海地区，希腊人离开了他们的起源地，开始了冒险之旅。因此，他们将自己的城市生活方式输出到当时已知的世界范围内。

在青铜时代，希腊人已经主宰了地中海地区。这里已经没有更多的海岸可以让后来《荷马史诗》中吟唱的“飞舟”到达。一旦这个海上帝国的记忆被淡忘，接下来几个世纪的希腊人就会用怀疑的眼神看着大海。海洋最神秘的一面引发了关于海洋危险性的希腊传说。这是奥德修斯和勇敢的阿尔戈英雄航海的时代。

尽管如此，希腊人还是追随经验丰富的水手的腓尼基人的步伐，在公元前 8 世纪再次开始征服海洋。这一次，他们在意大利南部和西西里，然后是黑海的肥沃土地上殖民。多种因素混杂的动机将他们推向了这次新的冒险：除了创业精神、商

古希腊殖民化进程：关键时间

约公元前770年

皮特库萨岛（Pithécusses）建立 由哈尔基斯和埃雷特里亚的埃维亚人建立，曾经是西方唯一的希腊殖民地。

公元前734年—公元前706年

意大利南部和西西里岛的殖民化 哈尔基斯建立了纳克索斯岛，科林斯建立了叙拉古，斯巴达建立了它唯一的殖民地塔兰托。

约公元前700年

向东开放 哈尔基斯和埃雷特里亚开始在哈尔基季基半岛（Chalcidique）殖民。他们为赫勒斯滂（Hellespont）和普罗波恩蒂斯（Propontide）的殖民化铺平了道路。

约公元前650年

本都—尤辛努斯（Pont-Euxin）的密集殖民化 这场运动是由墨伽拉和米利都发起的，他们与野蛮人互通往来，特别是斯基泰人（les Scythes）。

约公元前640年

抵达塔特苏斯（Tartessos） 根据希罗多德的说法，航海家科莱奥斯（Colæos）在地中海最西端的塔特苏斯靠岸。

约公元前600年

马赛利亚（Massalia）建立 未来的马赛是由来自福西亚的定居者创建的。随后伊比利亚半岛被殖民。

阿尔戈英雄和海上传统

阿尔戈英雄是一群希腊英雄，他们从伊奥尔科斯（Iolcos）出发，同伊阿宋寻找金羊毛。他们的名号来源于他们的乘船“阿尔戈”号（Argo），该船本身是以其建造者阿尔戈命名。这艘船在帕格塞蒂克海湾（Pagases）用来自皮立翁山（Pélion）的木材制成，船首除外，船首是由女神帕拉斯–雅典娜（Pallas-Athénée）用多多那（Dodone）的圣木制成的。

阿尔戈英雄的征途中穿插着与海上航行有关的多次冒险。他们第一站来到只有女性居住的利姆诺斯岛（Lemnos）受到热情款待，然后在杜利奥纳人（Dolions）的领地上遭到了六臂巨人的袭击。在抵达科尔基斯（Colchide）之前，在他们的远征结束时，他们将在风暴中心迷失方向，哀悼死去的船长，并逃脱本都—尤辛努斯的危险陷阱。第149页图中的场景绘于来自奥维涅特（Orvieto，意大利小城）的阿提卡双耳爵，描绘了公元前475年至公元前450年间的赫拉克勒斯（持弓者）和阿尔戈英雄（现藏于巴黎卢浮宫博物馆）。

业意识和寻找新耕地，还有激荡着城邦的内部紧张局势。

这场持续了两个世纪的殖民运动让整个地中海沿岸遍布希腊城邦，即使在最偏远的地区也采用了希腊文化和生活方式。渐渐地，一些被殖民的领土，尤其是意大利南部海岸的大希腊，已经达到甚至超过了原本城邦的辉煌。然而，他们的居民永远不会忘记他们来自哪里，无论是在情感上还是在政治上。他们通过与其他民族的接触而丰富自身，同时保持对一个完全转变的遥远世界的归属感。

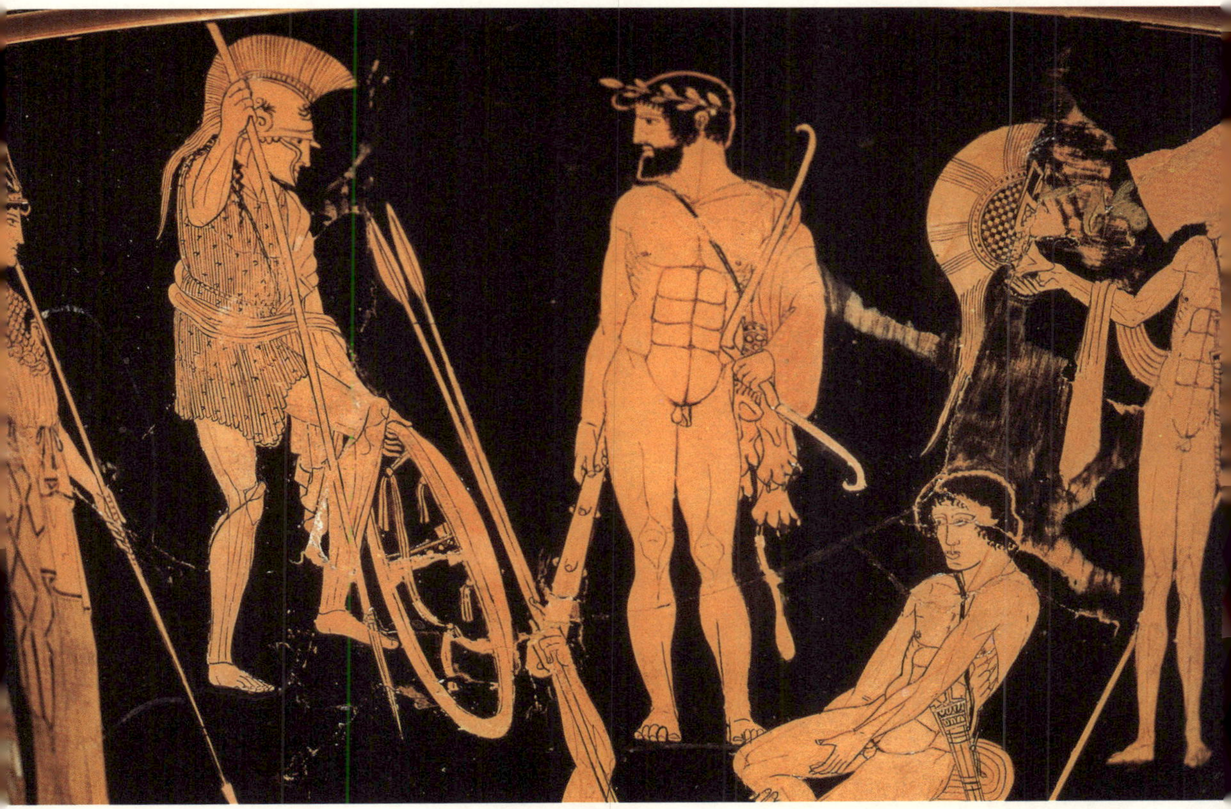

重新征服海洋

到古风时代末期，从东边荒凉的黑海沿岸到西边遥远的伊比利亚半岛，许多希腊城邦已经建立起来。诚然，希腊人在其整个历史上都在追求跨越地中海的扩张活动，但在古风时期发生了3个世纪的扩张活动完全重新绘制了希腊世界的版图。这一时期因其特有的重大且前所未有的现象被合理地命名为“殖民化”。

接管克里特人的迈锡尼王子开始征服海洋。他们在地中海的许多地方留下了自己的印记，例如，意大利南部或亚洲海岸，在那里他们在未来城市米利都的遗址上建立了一个贸易站。在青铜时代结束后的大迁徙中，希腊人定居在爱琴海的岛屿上。他们从此出发到达了小亚细亚的西海岸，并在那里建立了以弗所和米利都的城邦。

然而，在公元前 10 世纪的一部分时间和整个公元前 9 世纪，新领土的殖民化似乎已经暂停，仿佛是为了更好地重整旗鼓，推动下个世纪开始的大规模运动。正是在这个时期，希腊人发挥想象力编写出历险传说故事的语料库，例如，特洛伊战争英雄的“nostoi”（“返程”）——《奥德赛》讲述了最著名的“nostos”——或“阿尔戈”号海员（阿尔戈英雄）的旅程。传说中，阿尔戈英雄在伊阿宋的带领下，到达了遥远的科尔基斯（今格鲁吉亚海岸），位于被希腊人称为“好客之海”（Pont-Euxin）的黑海的尽头。

这些神话般的故事可能是一些殖民前的故事和大胆的探险，由离岛开展贸易的希腊人发扬推广。他们乘坐单桅方帆的船只出海探险，船只配备有船首冲角和一排桨，用于驶入港口。当时，当航海者乘坐这些松木船或橡木船航行时，虽然他们是真正的冒险家，但并没有建立殖民地。他们是商人、海盗、士兵，在经验丰富的船员陪同下保护货物或拿货。贸易和掠夺可能是最可靠的发财方式，因此老实的商人和海盗之间可能并无分别。

《奥德赛》中的一个片段表达了这一点，雅典娜向忒勒玛科斯（Télémaque）现身，忒勒玛科斯以海盗民族塔福斯国王的名义邀请雅典娜进入他的宫中：“我名门特斯，智慧的安基阿洛斯之子，喜好航海的塔福斯人归我统治。我现在偕同伙伴们乘船航行前来，循酒色的大海前往操他种语言的种族，去特墨塞岛换铜，载来闪光的铁。”（《奥德赛》，第一卷）

考古发现表明，希腊人购买金属来制造贵族的武器和盔甲，以及贵族为了表明其地位而穿戴的手工艺品。在埃维亚岛上的勒夫坎第的鼎盛时期，来自埃及、塞浦路斯和近东的贵金属和奢侈品非常丰富。因此，我们必须将目光投向黎凡特的主要港口[推罗（Tyr）、比布鲁斯（Byblos）和西顿（Sidon）]。

腓尼基人的影响

希腊人与他们称为“腓尼基人”(phénicien)的民族建立了最富有成效的联系，该词来源于紫色染料——“phoinix”的意思是“紫色”——黎凡特的船只垄断了这种染料。腓尼基人被誉为出色的商人，尽管《奥德赛》认为这种说法不是很可信，但至少如果我们相信神话的话，腓尼基人对希腊人产生了相当大的影响。

米诺斯的英雄血统起源于腓尼基。他的母亲欧罗巴是腓尼基国王阿格诺尔(Agénor)的女儿。阿格诺尔的儿子卡德摩斯是底比斯的创建者。正是他将“卡德莫斯字母”传入希腊，在迈锡尼文字系统消失几个世纪后，希腊人使用“卡德莫斯字母”来追溯他们的历史。

公元前9世纪末，腓尼基人在技术上优于希腊人就证明了这一点，也就是说在希腊人建立他们的第一个殖民地之前的两三代人，推罗的腓尼基人已经在非洲北部建立了他们的“新城”或迦尔德·哈达斯特(Qart Hadasht)，也就是迦太基。希腊人在贸易和航海方面也有很多可以向腓尼基人学习的地方。

从公元前8世纪甚至更早开始，希腊水手越来越频繁地出现在黎凡特的海岸。事实上，有痕迹表明希腊人曾在叙利亚北部的埃维亚岛停留。在奥龙特斯(Oronte)河口的阿尔米纳(Al Mina)遗址出土了数百件埃维亚陶瓷碎片。埃维亚人似乎在公元前780年左右定居在那里，像其他东希腊人以及塞浦路斯人一样。

关于阿尔米纳遗址一直存在很多争论：它是希腊殖民地还是一个简单的贸易站(emporion)？它是埃维亚人的永久居住地还是港口运营基地，他们是否在此与美索不达米亚、腓尼基以及借此与埃及进行贸易？这个问题仍未解决。有一件事是肯定的：考古发掘发现了一个巨大港口的商业区，商店、作坊和精品店应有尽有。

无论埃维亚人与阿尔米纳的关系性质如何，他们从此地带回了用船只装载的精炼金属和精制织物以及著名的物品，例如，在整个地中海地区大量分布的七弦琴演奏者的精美印章。

大量此类印章正是在一个贸易站的遗址上发现的，其名称令人费解，但在希腊

大殖民时期的希腊船只

希腊殖民化是通过商船以及具有创新元素的船舰进行的，这些船只后来提高了破坏力，被用于海上劫掠或战争。

军舰与商船的区别在于其轮廓更细长、航行速度更快，船首构造可以撞击并损毁敌船。军舰的桨手数量众多，既方便在战斗时驾驶船只，也省去了用帆的麻烦。

插图 下图，公元前6世纪绘有桨手划动战舰的三耳瓶（现藏于巴黎卢浮宫博物馆）。右图，桨手战舰的复制品。

殖民史上却具有举足轻重的地位：皮特库萨岛，意为“猴子岛”（今伊斯基亚岛，位于那不勒斯湾）。约公元前 770 年，来自哈尔基斯和埃雷特里亚的埃维亚人来到这座岛上，意味着希腊向西部遥远的处女地敞开了怀抱。

向西航行

腓尼基人此时在伊比利亚半岛南部建立的定居点，恰好位于金属财富的巨大中心，这绝非巧合。希腊人追随他们的脚步，一路向西航行，寻找备受追捧

❶ **桨手战舰** 它是舰队中最常见的船只。然而，如果没有桥梁，它不能够长途跋涉。直到公元前5世纪，在希腊海上探险期间，它完全被三层桨战船取代。

❷ **船艏楼** 船长在艏楼指挥船只的一切行动，向舵手和水手长给出准确的指示。在他面前，船只沿着船首冲角展开，船首冲角可以击沉敌舰或固定后登陆敌舰。

❸ **舵手位置** 按照船长的命令，舵手使用两把大桨进行操纵，这两个大桨排列在船的两侧，充当方向舵。驾船的成功取决于船长、水手长和舵手之间的完美协调。

❹ **单排桨** 桨手战舰（pentécontère），正如这个词的词源所表明的那样，由50名桨手组成。在交战期间，它仅由划桨提供动力。在击中敌人后，战舰有时会后退，让水淹入敌舰被击出的洞。

❺ **水手长位置** 他被安置在船只中央，在两排桨手之间，向他们下达命令，并给他们节奏以使船只前进或停下。后来的船只配有三排桨手，以提高机动性。

的金属，这也绝非巧合。在那里，除了神话中的赫拉克勒斯之柱和赫斯珀里得斯的花园之外，还有拥有无限财富的王国：塔特苏斯，腓尼基人与之保持着独家贸易往来。

我们知道，希腊人也探索过非洲海岸，但由于无法在迦太基的直接影响地区定居，他们去往了更北部的伊特鲁里亚。

皮特库萨岛是一座火山岛，不适宜农业，因此不适合建立永久殖民地。因此，它很可能只是作为与伊特鲁里亚人建立联系的行动基地。伊特鲁里亚人位置更靠北，在该地区占据主导地位，并从中欧进口金属和宝石。

此外，邻近厄尔巴岛的铁矿对来自爱琴海的商船产生了强烈的吸引力。希腊人的蜂拥而至（按当时的墓葬数量显示，仅一代人的时间跨度里便有 5000 到 10000 人）反映了这位先驱贸易站与故土之间的密集活动和不断的货物流通。

诗人赫西俄德在他的《神谱》中也以文学形式证明了希腊世界与伊特鲁里亚之间的密切联系："许佩里翁之子赫利俄斯的女儿喀耳刻，钟情于意志坚定的奥德修斯，给他生下阿格里俄斯和无可指责的、强大有力的拉丁努斯。他们统治着神圣岛屿深处的著名的图伦尼亚人。"如果我们相信赫西俄德的描述，那么图伦尼亚人，也就是伊特鲁里亚人，便是希腊人在西方的第一批对话者。

上文引用的选段表明，虽然是以间接的方式，也许埃维亚人的探险反映了奥德修斯返回伊萨卡时所经历的风景。无论如何，正是在这些接触中，希腊化进程开始了（从伊特鲁里亚人采用希腊字母开始），后来渗透到罗马文化中。那时，罗马城也开始了它的历史。奇怪的是，这座城市的起源是阿尔巴隆加（Alba Longa），在神话中这座城市的国王阿格里俄斯和拉丁努斯是奥德修斯和喀耳刻的私生子。

然而，从海上看，哈尔基斯和埃雷特里亚的埃维亚人把目光投向肥沃的坎帕尼亚，这片土地在他们面前延展开来。20 年来，皮特库萨岛一直是西方唯一的希腊殖民地。然后在公元前 8 世纪的最后三分之一时间里，希腊人在意大利南部和西西里岛的许多地方定居。他们的进一步扩张实际上只是时间问题。他们首先必须将简单的贸易站变成真正的城市聚居地，拥有一定的领土主权。

在他们历史的这一页中，他们再次出海并在整个地中海输出了他们的文化遗产——这里是指他们对城市的概念——以及他们留下的风景。久而久之，伟大的殖民化也深深地刻上了自己的身份烙印。

与他们的竞争对手腓尼基人的情况相反，希腊人的海上扩张不是出于发展贸易的愿望，而是由于一系列内部因素，这一点已经被考古学家和历史学家考证。他们提到了社会、政治和经济动机，而不是纯粹的商业原因。为了证明这一点，他们指出定居者的行为，他们到达目的地后有时会袭击当地居民并将他们驱逐出境。这些暴行违背了最低限度的商业逻辑，反而表明了争夺生存空间的斗争。

殖民现象

然而，离开的理由必须足够充足，才能促使古希腊人在海上冒险。根据传说，这片海域危险重重地等待他们的到来。耕地的稀缺和贵族阶级的存在——赫西俄德在《工作与时日》中提到的“爱受贿赂的君主”——他们占有大部分土地，而其他人则只有贫瘠的小块土地，这些原因似乎是这场运动背后的推动力之一。

贵族“驯马师”垄断了广阔的土地来饲养他们卓越的坐骑，这是他们威望的标志。而农民困于逆境，深陷负债危机，这反过来又导致了他们对贵族灾难性的过分依赖，甚至沦为奴隶。实际上，尽管存在风险，但前往海上冒险更多的是收获希望。随着公元前 8 世纪末发生的人口增长，这种令人痛心的景象似乎变得越发糟糕。

在《工作与时日》中，赫西俄德宣称最好只生一个儿子。为了限制人口的增长，遗弃新生儿是一种真实存在的现象（反映在俄狄浦斯等神话中）。诗人强调的真正问题似乎是遗产的分配问题。在大家庭中，大多数年轻人被剥夺了遗产继承权。因此，他们不可能结婚并组建自己的家庭。

这些被剥夺了未来的年轻人是社会的不稳定因素，也是对社会和平的潜在威胁。因此，城邦主动建议他们“走出家门”寻求生活所必需的手段也就不足为奇了，这就是希腊语“apoikía”一词的确切含义，意为“殖民地”。

毫无疑问，建立斯巴达唯一的殖民地“处女之子”（partheniai）的历史起源于一场与遗产合法分割有关的纷争。在此等情况下，一个流放的贵族带领一群心怀不满的乌合之众给城邦带来的破坏就足够城邦烦恼的了。因此，我们可以假设，统治阶级希望这些破坏分子离开，去远离社群的地方寻求财富。

在仅仅一代人的时间里，一个城邦可以发起多达五次殖民化运动。目前尚不清楚他们的动机是否都是紧张的内部局势，而不是缺乏财富和自由。一般而言，古代作者援引“对土地的渴望”（sténochoria）来解释如此严重的现象的合理性。无论是什么原因促使“母”邦建立殖民地，这件事始终是一个不可避免的阶段。询问当时已成为著名的泛希腊中心的德尔斐神谕对于城邦开展大型项目，尤其是殖民行动而言，是必不可少的。

神谕的关键作用

事实上，这座新建立的城邦不仅是希腊人的新家园，也是与他们同行的众神的新家园。更何况，如果没有神祇的认可，进行如此大胆的冒险，也是难以想象的。只要得到了众神的眷顾，就有了极大的信心。相反，如果拒不从命，就有因众神的愤怒而引发干旱或其他自然灾害的危险。如果远征失败，人们会归因于没有询问神谕。

德尔斐神谕在这一时期殖民结构的构成中发挥了至关重要的作用。因此，阿波罗是殖民统治的主神。不仅所有的希腊城邦都提到了他的神谕，以知道如何、何时以及在何处建立一个新社群，而且，其享有建设者或“指挥家”（Arkhegetas）的称号，作为新城邦的规划者和组织者，尽管其指示总是特别神秘，仍对新城邦进行干预。

为了完成任务，神谕依赖于一个高效的情报网，提供有关潜在扩张领域的准确信息。随着新机构继续派代表团到德尔斐（以及奥林匹亚参加体育比赛），神谕积累了越来越多的知识并加强了它的影响力。更重要的是，对于原来城邦的统治者来说，其无可争辩的权威使得驱逐可能破坏稳定的群体合法化，这比得到准确信息更为重要。

说明殖民开始最常引用的资料是希罗多德的《历史》选录，与昔兰尼的建立有关。在这段文字中，锡拉岛的国王咨询了神谕。皮提亚人命令他在利比亚建立一个殖民地。国王争辩说他尚未到开始这样的事业的年纪，皮提亚下令探险队必须由该城邦贵族血统的私生子巴托斯（Battos）领导。

但巴托斯无视神谕的命令。希罗多德说，他的态度会受到惩罚，锡拉城将遭受

阿波罗神

象牙和黄金雕刻的头像，公元前6世纪（现藏于德尔斐考古博物馆）。阿波罗用他的力量护佑了殖民者的旅程。所有前往新领地的人都必须通过德尔斐神谕寻求阿波罗的建议。

7年的干旱——此外，在专门讲述殖民的故事中，这场灾难很可能会卷土重来。一个新的代表团被派去咨询神谕，神的声音再次下令建立殖民地。这一次，人们服从了神的命令。

在这一选段中，巴托斯是殖民城邦的建立者（oikist），或殖民地的创始人。这个角色是从贵族成员中选出的，负责移植。也就是说，他负责将原来城邦的天神崇拜转移到殖民地，并在庙宇围墙内为其保留一块祝圣的空地（téménos，一块神圣的领土）作为栖息地。然后，他负责在定居者之间分配土地并建立城市机构。尽管他可能是原来城邦的叛徒——巴托斯面对神谕的反应预示着一场叛乱，会给城邦带来极其不稳定的后果——但作为新社群的保护者，殖民城邦的创始人有时可能成为英雄崇拜的对象。

诅咒与失败

在他死后，他和原籍城邦的英雄一样受人尊崇。在一种“创始人节日”中，他的形象成为新贵族的核心，在殖民地蓬勃发展。殖民地未来的居民从原籍城邦的单身男性中自愿或强制“招募”而来。希罗多德指出，巴托斯的同伴是通过抽签选出的，有两个儿子的话抽其中一个。因此，探险队人数约为 200 人。

我们也有后来昔兰尼（Cyrène）居民的证词。事实上，铭文可以追溯到公元前 4 世纪，纪念他们近 300 年前的祖先在建城前的誓言：“大会达成协议，阿波罗自发地向巴托斯和锡拉岛人阐述了建立昔兰尼的神谕，锡拉岛人决定巴托斯应该前往利比亚，作为向导和国王；锡拉岛人会随他而去；在完全平等的情况下，他们将被选中并启航，每个家庭出一个儿子；成年人会离开，任何有这种意愿的锡拉岛人都可以离开……”

“如果他们未能建立殖民地，而锡拉岛人无法帮助他们，那么 5 年后，他们可以安全返回锡拉岛，收回他们的财产和公民身份。凡被城邦派出但不出海者，将被判处死刑，并没收其财产。而收留或保护他人的人，无论是他的父亲还是他的兄弟，都将受到与拒绝离开的人相同的惩罚。这些是留下来的人和离开去建立城市的人商定的条件。他们向违反该协议的人发出诅咒，无论他们是定居在利比亚还是暂留在此。”(《昔兰尼建城法令》)

紧接着，锡拉岛的居民制作了他们的蜡像并烧掉，同时念出“男人、女人、男孩儿和女孩儿”，这是对那些不遵守誓言的人及其后代的诅咒。判定是否成功建立殖民地的时限很有意思：如果 5 年后，由于当地居民的敌意或无法满足自身需求，探险队成员无法在新的领土上立足，他们被允许返回他们的原籍城邦并恢复他们以前的权利。

在这种情况下，我们从希罗多德那里得知，昔兰尼的建立是在多次尝试之后才成功的。最有可能是还未到 5 年的期限，定居者试图返回锡拉岛。但迎接他们的是邻居、父亲和兄弟不断向他们投掷石块：“巴托斯乘船来到了利比亚，但是他们一时不知道还应当做些什么而回到了锡拉岛。但是锡拉岛人却在他们靠近海岸的时候

向他们射击，不许他们上岸，要求他们返回。他们没有办法，只得回去并在利比亚沿岸的一个我已说过名叫普拉提亚的岛上建立了一个殖民地。”（《历史》，第四卷，第 156 页）

这个故事并不是一个孤立的个案。来自科西拉（科孚岛）的定居者也被驱逐出境。他们试图返回原籍城邦，但在抵达时遭到拒绝，被迫前往荒无人烟的色雷斯，这为他们赢得了“无畏”的称号。除了承担这种雄辩地证明需要将“过剩”人口送出边界的后果之外，殖民地与其母邦之间还存在着一种特殊的联系。如果殖民地独立于母邦发展，两者道义的相近之处表现在某些民事领域（因为他们相互授予彼此公民的权利）、宗教（遵守共同的崇拜和习俗），尤其是军事领域，因为一旦发生战争，一方会向另一方伸出

狄迪玛（Didymes）神庙

它是献给阿波罗的神庙，小亚细亚主要的希腊圣地之一。希腊殖民地的主要义务之一是建造一座圣殿以纪念阿波罗，向其朝拜并询问神谕。

希腊字母和书写的诞生

希腊人与腓尼基人的接触并不仅仅带来技术和商业交流，也是人类历史上一个伟大里程碑的起源：希腊人采用和改编了一种知识财富，即腓尼基字母。

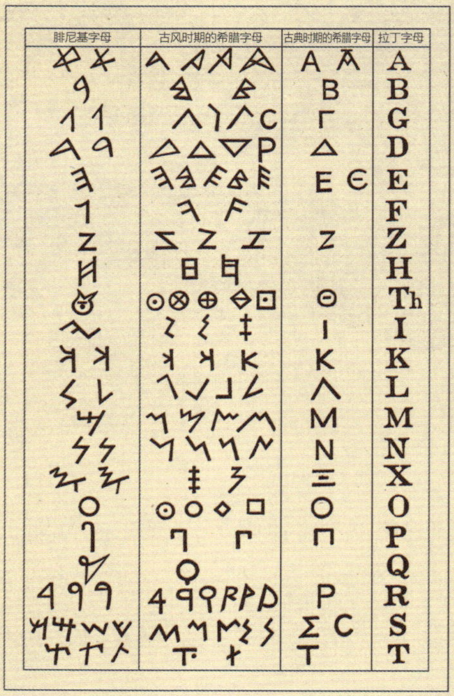

目前尚不清楚是在公元前8世纪的哪个时间点，在地中海的哪个地方，根据希罗多德所说的，希腊人采用了腓尼基人传给他们的字母。如果几乎保持腓尼基文字的形式、顺序和字符数量不变，那么希腊人通过赋予表示辅音的符号以元音的意义，带来了决定性的变化。这个完善后的字母表有24个字符，可以用来表示任何单词。正是在殖民时期，伊特鲁里亚人将字母表带到了意大利的土地上。后来，罗马人采用了这一字母表，并把其传给了我们。

插图 公元前7世纪至公元前6世纪的许愿石碑，刻有腓尼基语和希腊语的铭文（现藏于瓦莱塔考古博物馆）；腓尼基、古风与古典时期的希腊字母和拉丁字母的比较表（埃德蒙·盖格·格雷斯（E. G. Gress），《印刷术的艺术与实践》（*The Art and Practice of Typography*），1917年）。

援手。

至于定居者与当地人的关系，取决于当地人对新来者是否欢迎。因此，例如，纳克索斯岛的创始人与当地人和平共处。相反，叙拉古的科林斯殖民者将土著居民压迫到半奴隶状态。“gamóroi”（“共享土地者”）和“kyllírioi”（其词源可能意为“驴人”）的社会阶层反映了科林斯贵族与西西里人后裔之间的种族划分。

这个例子进一步说明了建立殖民地的实验性质。成群结队的男男女女到达一片新的领土，利用这个机会通过近乎理想主义的尝试来组织他们的殖民地。但是由此建立的殖民地经常像叙拉古一样经历社会和政治危机，表明这些尝试往往困难重重。

大希腊

无论定居者如何努力使他们的殖民成功并考虑所涉及的风险，希腊人能够从地中海的一端到另一端建立如此多的殖民地，这仅取决于他们对新领土和与他们建立家庭联系的居民的适应能力（请记住，他们被剥夺了在原籍城邦结婚的权利）。其中许多殖民地，尤其是大希腊地区，其辉煌甚至盖过了其母邦。

意大利南部和西西里的土地是第一个殖民地区，这里被希腊人视为一个特别富庶和充满希望的地区，一个发展中的“理想国”。的确，在地中海西部，没有任何一处像亚述帝国在其东部边缘竖起的铜墙铁壁那样阻碍新定居点的建立。结果，在东部，希腊人的定居点仅限于某个贸易站，例如阿尔米纳贸易站。

在西海岸，殖民者为广阔肥沃的平原所吸引，建立了众多城邦，都没有遇到任何能够击退他们的力量——意大利部落分裂，伊特鲁里亚人乐于与希腊人接触往来。很快，这些新城邦的名字将在地中海地区回荡，这要归功于其政治、军事、经济和文化活力，其风头甚至盖过了希腊大陆的某些城市。这片广阔的殖民地后来被称为“大希腊”。

从皮特库萨岛贸易站，希腊人迅速抵达了坎帕尼亚肥沃的土地。这是一个特别富饶的地区，因其气候和植被让人想起希腊的故园。公元前 8 世纪中叶，根据地理学家斯特拉博的说法，埃维亚人建立了库迈——“西西里岛和意大利所有殖民地中最古老的殖民地”。由于其位于大希腊最北端，这座城邦成为与伊特鲁里亚—拉丁世界接壤的充满活力的边境城镇，这个世界正在进一步向北发展。

确实正是伊特鲁里亚人采用了埃维亚版本的字母表，并通过罗马人流传至今。公元前 600 年左右，库迈的居民因与地中海人民的密切贸易而富足起来，建立了帕萨诺普（Parthénope）的子殖民地。其城市不断发展，诞生了一个“新城邦”（希腊语 Neápolis），也就是现在的那不勒斯。

很早以前，埃维亚人在该地区的商业交通中占据主导地位，在墨西拿海峡创建了利基翁城。而来自伯罗奔尼撒半岛亚该亚地区的其他希腊人获得了意大利南部平原的霸权。在此基础上，建立了西巴里斯（Sybaris）和克罗托内（Crotone）两个敌对的姊妹殖民地。

西巴里斯以侵犯当地意大利人民的利益为代价进行扩张。在其鼎盛时期，公元前 6 世纪中叶，居民有 50 万人。其财富和骄奢淫逸的生活方式众所周知。据说，虽然肯定是夸大其词，西巴里斯可以在平原上部署不少于 30 万人的军队，即使如此，其竞争对手克罗托内在公元前 510 年仍将其永久化为灰烬。

正是僭主驱逐西巴里斯寡头集团引发了冲突。这座城邦的前任主人便向克罗托内寻求帮助，克罗托内因此找到了终结这个强大邻邦的机会。西巴里斯的毁灭使得在接下来的几个世纪里，人们对这个象征辉煌的殖民地崛起的地方充满好奇。

甚至斯巴达（采用原始形式的领土扩张）也在塔兰托建立了一个殖民地，这一事实突出了伯罗奔尼撒半岛的城市在大希腊殖民化过程中所起的特殊作用。

西西里岛的殖民化

占领壮丽土地的伟大竞赛发生在三角形岛上，据荷马所说，这个三角形岛上放牧着太阳神的兽群，这座岛又叫特里纳基亚岛（Trinacrie），即西西里岛的旧称。这里提供了我们对特定地区的殖民化的唯一证词，由修昔底德记录在他的著作《伯罗奔尼撒战争史》中。

根据雅典历史学家的说法，在公元前 8 世纪下半叶，正是埃维亚人在埃特纳（Etna）火山脚下建立了纳克索斯、卡塔尼亚和莱昂蒂尼殖民地。在东海岸，埃维亚人深入到内陆肥沃的土地。在一场比赛中，科林斯人在一个理想的地点奥提伽（Ortygie）建立了叙拉古（约公元前 735 年）。墨伽拉的居民建立了墨伽拉希布利亚（Mégara Hyblaea），近一个世纪后，还建立了子殖民地塞利农特（Sélinonte）。

农业和畜牧业的高效发展，以及与希腊、意大利南部和北非建立的利润丰厚的商业网络，引发了第二波殖民浪潮。这就是罗得岛人和克里特人建立杰拉（约公元前 670 年）的地方，这里在公元前 580 年左右诞生了强大的城市

士兵奔赴战场

这件阿提卡的黑色陶器发现于伊特鲁里亚的武尔奇（Vulci）遗址，可以追溯到公元前 7 世纪，其装饰画证明了伊特鲁里亚和希腊城邦之间的政治和商业联系（现藏于罗马国立伊特鲁里亚博物馆）。

战士小雕像

这个公元前 6 世纪的青铜雕像发现于卡拉布里亚（意大利）的弗兰卡维拉·马里蒂马（Francavilla Marittima）。希腊人在该地区建立了多个殖民地，以此与腓尼基人争夺对西地中海贸易的控制权（现藏于锡巴里考古博物馆）。

珀耳修斯斩首美杜莎（第 165 页）

这个来自公元前 6 世纪的排档间饰是西西里岛塞利农特 C 神庙的一部分。希腊人将他们信仰的神祇和神话带到他们所有的大希腊殖民地。

阿克拉伽斯（现在的阿格里真托）。这两座城市很快成为僭主政治的摇篮。

在两个世纪之内，意大利半岛南部和西西里岛的东南边缘地区的居民开始带有明显的希腊口音。他们在公元前 5 世纪经历的历史冒险——主要是因为他们与迦太基在西西里岛的领土争端——以及他们的城邦在伯罗奔尼撒战争期间所扮演的角色，证实了大希腊从此在希腊人民的命运中发挥了重要作用。

从塔特苏斯到色雷斯

公元前 6 世纪，塔特苏斯的名声已经传到了希腊人的耳朵里，他们把殖民者送到了伊比利亚半岛。但他们不得不面对腓尼基人的反对。这就是为什么公元前 6 世纪下半叶，马赛利亚（马赛）的福西亚人离开那里建立了恩波里翁（今安普里亚斯）。这个新殖民地的名称，原意指一个贸易港口，反映出他们意图获取半岛上的锡和银资源。希腊人终于进入了传说中赫斯珀里得斯的花园，现在占据了地中海西部所有最好的地方。殖民扩张就此结束。

值得注意的是，小亚细亚最北端希腊城邦的居民福西亚人在与爱琴海北部海岸面对面时，他们的目光瞄准了如此遥远的地平线。毫无疑问，我们应该看到哈尔基斯和埃雷特里亚勇敢的水手发挥了重要作用，当他们的父母在意大利南部的土地上定居时，他们已经启航前往寒冷多雨的爱琴海沿岸。

一方面，存在面对像色雷斯人一样好战的民族的风

希腊在地中海的扩张

公元前 8 世纪至公元前 6 世纪影响着希腊城邦的不仅有巨大的政治和社会危机，还有殖民扩张运动。希腊文化传播到整个地中海地区。埃及、亚述和安纳托利亚希腊人在地中海东部施加的领土压力推动了城邦向西扩张。

自迈锡尼时代以来，西地中海的一些沿岸地区一直是希腊人的向往之地。由于与西西里岛和意大利的贸易流动没有中断，这些地区，在这次大扩张期间建立起第一批殖民地。这为创建其他殖民地打下了基础。因此，哈尔基斯的埃维亚人首先定居在皮特库萨岛（今伊斯基亚岛）；然后他们在坎帕尼亚建立了库迈，后来又在西西里建立了纳克索斯、卡塔尼亚、莱昂蒂尼和臧克列（Zancle）。几乎同时抵达西西里岛的多利安人创建了叙拉古、阿克莱（Acrai）、卡斯门尼（Casmène）和卡马林斯（Camarine），然后殖民意大利南部，并取名“大希腊”。罗得岛人和克里特人建立了西西里城市杰拉（Gela），然后从那里建立了阿克拉伽斯（阿格里真托）。其他殖民地建在爱琴海、赫勒斯滂和博斯普鲁斯海峡。在非洲海岸出现了巴萨（Barca）、特乌切拉（Teucheira）、尤赫斯佩里得斯（Euhespéridès）和阿波罗尼亚（Apollonia）。福西亚人定居在最西边，在高卢南部建立了马赛利亚（马赛），并从那里殖民了恩波里翁（Empúries）。

插图（左图） 公元前6世纪绘有黑色人物的细颈长瓶，描绘了忒修斯与牛头怪的战斗，发现于杰拉（西西里岛）。

险；另一方面，该地区矿产资源、木材资源丰富，河流浇灌着肥沃的平原，权衡之后埃维亚人选择占领这里。它的名字会让人想起其殖民者的来源地：哈尔基迪基。

色雷斯君主很快与希腊殖民者建立了贸易关系。尽管如此，诗人和雇佣兵阿尔基洛科斯还是强调了当地人的敌意，在一首著名的诗句中，他描写了一名色雷斯士兵丢弃了盾牌：“我的盾牌现在是某位色雷斯战士的骄傲；在灌木丛附近，我不情愿地丢下了这件完美无瑕的武器。对我来说，这是一个逃避死亡的问题。护盾见鬼去吧！我会买一个同样好的，而且是新的。”（《阿尔基洛科斯诗》，第 6 节）约公元前 680 年，他的原籍岛帕罗斯岛的居民，刚刚成为色雷斯萨索斯岛的主人。

拜占庭的建立

虽然诸城邦都在西方进行殖民，但入侵普罗庞提斯（马尔马拉海）和本都—尤辛努斯（黑海）是由墨伽拉和米利都领导的。尽管这些城邦牢牢控制了海上贸易，但由于周围居民的敌意，它们通过狭窄的海峡进入该地区的农业用地肯定是缓慢而犹豫的。

来自米利都的定居者于公元前 8 世纪中叶建立了库济库斯（Cyzique），后被辛梅里安人（Cimmérien）摧毁。墨伽拉人担心色雷斯人入侵，他们 17 年前在海峡对岸的新殖民地——拜占庭，即未来的君士坦丁堡——建立了迦克墩（Chalcédoine）。希罗多德在其《历史》中回忆说，

船上的狄俄尼索斯（第 168—169 页）

根据神话记载，狄俄尼索斯的旅行使整个地中海地区实现了葡萄种植的扩张。

插图 公元前 6 世纪的阿提卡陶器局部，著名希腊画家和陶艺家艾克塞克亚斯（Exékias）的作品（现藏于慕尼黑古代文物和雕塑展览馆）。

货币，希腊城邦力量的象征

公元前 6 世纪的希腊城邦是西方最早铸造货币的社会。这种以易于计数和操作的形式评估商品的绝妙方法直到公元前 5 世纪才开始广泛传播。货币通常由青铜或银制成，制作数量通常多达数千份。

从城邦成为商业生活的枢纽的那一刻起，货币就获得了它所有的经济实力。在那之前，贸易都是通过物物交换进行的。据希罗多德所述，吕底亚在公元前7世纪末开始使用金银币（一种天然的金银合金）。其价值是根据重量确定的，货币上面刻有易于识别的图案，以动物为主。约公元前650年，埃伊纳岛采用了这一习俗，不久之后，地中海沿岸的城镇，如塞利农特，开始铸造自己的货币。起初，城邦发放一种用于公共投资的货币，例如，造船、僭主招募雇佣军，或建造神庙。直到货币在经济生活中占据突出地位，统治阶级才将其视为财富的载体。

鹿　米利都的货币，印有制造者的名字（公元前7世纪至公元前6世纪）。

猫头鹰　四德拉克马银币，印有猫头鹰和橄榄枝，均为雅典的象征（公元前6世纪）。

海龟　在埃伊纳岛铸造的银币（约公元前650年）。

公牛　这枚正面印有人脸的公牛货币来自杰拉（公元前5世纪）。

这激发了一位名叫迈加比佐斯（Mégabaze）的波斯将军狡黠的观察：据他所说，只有“瞎子”才会在建立迦克墩的同时忽视拜占庭所占据的宏伟地标。

毗邻本都—尤辛努斯尽头的地区被米利都殖民。希腊人首先在那里遇到了斯基泰人的阻挠（希罗多德在其《历史》第四卷中断言斯基泰人食用人肉），但他们还在俄罗斯南部的大河口发现了有利可图的粮食资源、皮革和奴隶。在这里，就像在地中海西部一样，定居者和土著居民注定会相处融洽。

正是这种与如此遥远的民族的接触，在殖民者之中激发了一种归属于希腊世界和母邦的情感，他们只是身体上离开了故土。据说，当未来的殖民地创始人离开母邦时，他们会带上一把泥土和圣炉的余烬，以纪念他们的出生地。

恩波里翁废墟

这个沿海地区位于伊比利亚半岛的东北部，是建于公元前6世纪的一个希腊殖民地。它名字的意思是“市场”或“商业场所”，反映了它的商业使命。后来，恩波里翁成了罗马的贸易站。

雅典娜，雅典的守护神

公元前 6 世纪的雕像。奥林匹亚万神殿的主神之一。

插图（右侧） 公元前 6 世纪的陶瓷，绘有著名的狩猎卡吕冬野猪的场景，野猪皮被保存在忒格亚（Tégée）斯巴达领土上的雅典娜·阿莱亚神庙中（现藏于巴黎卢浮宫博物馆）。

斯巴达与雅典

在最繁荣的城邦建立殖民地的时候，斯巴达和雅典发起了最早的领土扩张政策。斯巴达使用军事力量；雅典将阿提卡的人口团结在其周围。他们由此巩固了自己的地位和影响力。根据古代传统，斯巴达和雅典的政治生活由两位立法者组织：斯巴达的莱格古士（Lycurgue）和雅典的梭伦。

由于缺乏资料，今天的研究者仍很难确定古风时期的斯巴达历史。但另一个因素则扰乱了其历史渊源：斯巴达是古典作家最为之着迷的城邦，从柏拉图到普鲁塔克，因为在他们看来，斯巴达体现了完美的和谐（eunomia）。斯巴达和雅典一样，是古人谈论较多的城邦，正是在人们的口口相传中，时至今日，斯巴达依然被神秘和磁性的光环包围。因此，流传至今的是一个传说中的斯巴达。

在希腊的所有城市中，斯巴达是领土扩张最广的城市。它也是获得最大军事力量的城市。这也许就是它引发其他城邦对其迷恋和恐惧的一个因素。通过美塞尼亚

古风时期的斯巴达：关键日期

约公元前730年—公元前710年

第一次美塞尼亚战争 斯巴达开始在伯罗奔尼撒半岛扩张领土，奴役其居民。

公元前669年

斯巴达的溃败 在叙西阿伊（Hysiai）战役期间，阿尔戈斯的重装步兵对斯巴达的胜利引发了美塞尼亚人的起义。

公元前7世纪

采用重装步兵方阵 斯巴达在第二次美塞尼亚战争中获胜，占据其领土。

公元前7世纪至公元前6世纪

莱格古士立法 斯巴达发起了政治和社会改革，并制定了宪法，即“大公约”。

公元前546年

斯巴达战胜阿尔戈斯 在这次成功之后，斯巴达成为伯罗奔尼撒半岛的主要力量。

约公元前510年—公元前500年

伯罗奔尼撒同盟 这个联盟包括斯巴达及其盟友。除了阿尔戈斯和亚该亚的城市，该地区的其他所有城邦都是其中一员。

战争扩张领土并在那里安置希洛人（斯巴达的国有奴隶）之后，“平等”或“类似”阶级（具有完全权利的斯巴达公民，homoio）建立了一个以严格遵守法律、组建一群时刻准备献出生命保卫城邦的精英战士为基础的社会。

这种不寻常的生活方式受到传奇人物莱格古士制定的法律的启发，他在古风时期的某个不确定时间将这些法律引进了斯巴达。政体将实行君主制和贵族制相结合，同时倡导城邦居民地位平等。

就在斯巴达扩大权力之际，七贤之一的立法

者梭伦结束了雅典的一系列冲突：贵族派系之间的对立和社会斗争。他的改革为未来的民主奠定了基础。但在走上这条新路之前，这座城市就落入了僭主这个强大人物的控制之下。庇西特拉图和他的儿子们相继夺取了政权。他们的统治时期既有争议性的决定，也有血腥行动，由此成为经济、文化和城市领域同时进步的时代。

在古风时期，斯巴达和雅典可能与其他城邦没有什么不同。但是，随着它们在不同的基础上崛起，它们逐渐建立起其在公元前5世纪所拥有的特殊地位，即霸权城市。

追逐半人马的赫拉克勒斯

斯巴达人自诩为英雄的后裔。他们的两位君主分别属于亚基亚德世系和欧里庞提德世系两个王族，他们声称与宙斯之子赫拉克勒斯有直接渊源。公元前6世纪的楣板，阿索斯（土耳其）。

希腊人的民族和语言分布

根据修昔底德的说法，特洛伊战争后，一系列人口流动深刻地改变了希腊的民族版图。伊奥利亚人入侵色萨利。再从色萨利出发，占领维奥蒂亚。在希腊中部，雅典人占领了阿提卡和爱琴海的诸多岛屿，而来自马其顿、色雷斯和伊庇鲁斯的多利安人则定居在伯罗奔尼撒半岛的大部分地区。

人口流动并不总能在考古发现中得到证实，但提供了一些确定性。例如，古风时代末期习俗和语言变体的大量证据表明，阿提卡半岛上的雅典和隔海相望的伊奥尼亚过去一直保持着密切的联系。阿提卡方言——雅典特有的方言和伊奥尼亚方言——在与小亚细亚中西部海岸接壤的地区、在埃维亚岛和许多其他岛屿之间使用——有许多共同点。这些共同点将这两种语言与其他希腊方言区分开来，例如，维奥蒂亚、色萨利、伊奥利亚的方言，或伯罗奔尼撒的方言，其中特别包括多利安语和阿卡迪亚语。

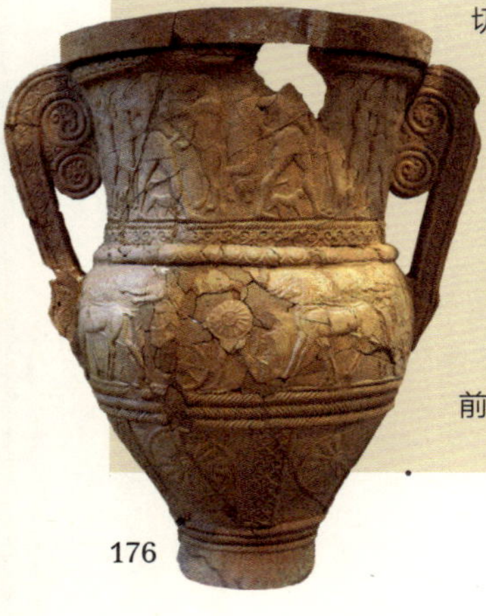

插图 拉科尼亚双耳爵，受多利安影响的伯罗奔尼撒地区，公元前6世纪（现藏于斯巴达考古博物馆）。

斯巴达例外

“假如……斯巴达城将来荒废了，只有神庙和建筑的地基保留下来：一些时候之后，我想后代的人很难相信这个地方曾经有过像它的名声那么大的势力。”修昔底德的这段话（《伯罗奔尼撒战争史》，第一卷，第 10 页）清楚地强调了斯巴达的伟大及其影响力，但也揭示了对古希腊最奇异的城邦的迷恋与困惑。

神秘主义和神话光环围绕着斯巴达城邦，尤其是在古风时期，为其增添了理想化的色彩，历史学家称为“斯巴达幻影”。事实上，其吸引力使得斯巴达模式成为政治思想史上从古至今流行的典范。雅典历史学家的同时代人，例如色诺芬，他为拉栖第梦人——斯巴达人（尤其是他题为《斯巴达宪法》的赞美诗）着墨颇多，而他并不是唯一为之如此着迷的人。

罗马人喜欢将他们的法律与斯巴达居民的法律相提并论。马基雅维利钦佩由君主和贵族委员会主持的公民大会的理念。托马斯·莫尔（Thomas Moore）的乌托邦思想类似于斯巴达人摒弃私有财产。为了社会利益而牺牲个人利益是卢梭社会契约论的缩影。因此，斯巴达的形象以在整个历史上服务于最多样化的政治、意识形态和哲学为目的。

然而，斯巴达留给我们的文献资料没有雅典那么丰富。事实上，只有在（总是受人操纵）神谕之外建立的资料被保存下来。考古遗迹证实了修昔底德的观点，我们无法再现城邦的宏伟，毕竟遗迹只证明了居民对“外在”的微弱兴趣（但如果是在公元前 7 世纪就不只是外在了，外在作为声望的标志在政治变革中发挥了积极作用），例如城邦的美化或对美的品位，这在斯巴达的竞争对手雅典和伊奥尼亚城邦中均有体现。

然而，其他希腊人却在和平时期钦佩斯巴达，在战争时期敬畏斯巴达。这种巨大影响既要归功于其君主制、贵族制和民主制混合的政治体制，也归功于其人民，即自诩为赫拉克勒斯后裔的多利安人，以及其通过军事生活方式确保其凝聚力的社会模式。斯巴达公民的一生始于一种严格的集中军事训练（agôgè），孩子在 7 岁时离家接受这种教育。因此，从很小的时候开始，通过一系列的启蒙仪式，斯巴达

斯巴达卫城

这座城市位于伯罗奔尼撒半岛东南部，画中背景为泰格特斯山脉，构成了这座城强大的天然城墙。城邦成为拉科尼亚地区的首府。

人就意识到他们享有平等的公民身份，如有必要，他们将不得不以牺牲生命为代价来捍卫这种公民身份。很早的时候，年轻的斯巴达人就不再是家庭成员，而是城邦的一员。

没有城墙但坚不可摧的城邦

伯罗奔尼撒半岛的拉科尼亚（Laconie）或拉栖第梦（Lacédémonie）北邻阿卡迪亚，西接美塞尼亚。其余领土面朝大海，岛上居民鲜少前往。斯巴达就位于这片埃夫罗塔斯河（Eurotas）灌溉的平原的中心地带，尽管没有城墙，但永远坚不可摧。尽管斯巴达人强壮而好战，但僭主政治在这里从未繁荣过，尤其是因为斯巴达人从小就准备好生活在一个由公民、“平等者”（homoioi）和专业重装步兵组成的集体中。

由于这个简单的原因，斯巴达也不受外界影响。泰格特斯（Taygète）山脉和伊索米（Ithômé）山脉形成的天然城墙保护了这座城市免受当时倾向的影响，斯巴达人没有参与殖民运动，除了一个例外：塔兰托的建立（约公元前706年），“处女之子”（希腊语中的“partheniai”）定居在那里。据传，“处女之子”是斯巴达人为扩张领土征服美塞尼亚期间诞生的。更有可能的是，他们是麻烦制造者，城邦希望将他们排除在分享被征服的土地之外，并像流放一样派他们去建立殖民地。

早期，没有迹象表明斯巴达将遵循与其他希腊城邦截然不同的政治制度。公元前1000年左右，一支多利安人血统的族群来到拉科尼亚肥沃的土地上。公元前8世纪初，斯巴达通过与沿埃夫罗塔斯河的社群联盟成为一个城邦。

在那之前，斯巴达模型并没有什么特别之处。其政治宪法与当时在希腊领土上建立的其他城邦的宪法相当：由每月在满月之际召开一次的公民大会（apella）与由来自最有权势家庭的28名60岁以上的男子组成的长老会议（gérousia）共同管理。

与其他城邦一样，斯巴达长老会议的职能是向公民大会提交政策建议，公民大会只是通过或否决这些建议，而无须进一步审查。长老会议有两位王室血统的永久成员，这是斯巴达的特色。

亚基亚德世系和欧里庞提德世系

虽然在其他地区君主制已成为过去，但其仍然以一种神秘的双头统治形式存在于城邦中。这种“二王制”掌握在两个家族手中，即亚基亚德世系和欧里庞提德世系，他们声称自己是赫拉克勒斯的后裔。

虽然在其他城市，“巴赛勒斯”的职能仅限于宗教方面，但斯巴达的国王不仅是宙斯的祭司，还保留了他们的军事特权，包括宣战的权利。他们还享有各种特权，包括首次公开献祭或高度仪式化的葬礼，正如希罗多德在其《历史》中所描述的那样。

还有另一种政府机构，与双头君主制一样神秘：监察官（监督者），由公民大会每年从贵族中选举 5 人担任。他们负责主持元老会和公民大会，还负责做出司法决定，确保斯巴达年轻人接受完美的教育。但最重要的是，他们监督国王的行为，如有必要，可以废黜国王并将其流放。

普鲁塔克在《亚基斯四世传》（*Vie d'Agis*）中叙述说，每 9 年就会举行一次神秘的仪式，在此期间，监察官会观测夜空，搜寻是否有流星。如果他们看到了一颗，那就表明应该中止君主权力并咨询德尔斐神谕。五监察官制这一制度的独创性及其神秘起源越发扑朔迷离，因为由皮提亚所转述的阿波罗神的意旨从未提及过监察官。

斯巴达人最初分为三个部落和四个选区，后来又增加了第五个选区，即阿米克赖城（Amyclées），斯巴达人也被划分为明显不同的社会阶层。首先是贵族的成员，被认为是赫拉克勒斯的后裔，也就是真正意义上的全权公民。其次是庇里阿西人（意为“边区居民”，即住于城邦周围的居民），虽然他们有人身自由，但无政治权利和军事机构。当斯巴达成为一个军事社会时，庇里阿西人只参加生产活动。

从社会危机到来库古

在希腊城邦社会紧张局势（stasis）导致僭主崛起的关键时期，斯巴达对其法典进行了重大改革。这一系列针对斯巴达国家的改革要归功于立法者来库古（Lycurgue）。来库古在德尔斐从阿波罗的口中收到构成“大公约”的 38 个神秘词汇。阿波罗下令将斯巴达人分为部落（phylai）和选区（obai，即“村庄”）。“大公约”是一项制度改革，定义了长老会议、公民大会，还有国王等现有机构的权力和相互关系。例如，长老会议负责确保两个国王与公民大会之间的权力平衡。

来库古属于半传奇式的，甚至是神话般的立法者，与他为伍的有米诺斯国王和雅典人德拉古，两位被公认为制定了城邦最古老的法律。古人将来库古其人以及“大公约”的写作日期确定在公元前 8 世纪的前三分之一时间。提尔泰奥斯在他对“大公约”的诗意表述中，丝毫没有提到来库古。普鲁塔克从一开始就指出，

"有关立法者来库古的事迹，真是没有一件是没有争议的"（《来库古传》，第 1 段，第 1 页）。

实际上，来库古的改革可能跨越了公元前 7 世纪的几十年，经历了漫长的殖民扩张阶段。对于在当时大多数希腊城邦都很常见的社会危机，斯巴达的独创性在于其能够提早做出政治反应。对美塞尼亚领土的武装征服可能影响了这种政治、经济和社会重组。与其他城邦不同，斯巴达并不觉得需要殖民，而是在第一次美塞尼亚战争期间（约公元前 730 年—公元前 710 年）开始在伯罗奔尼撒半岛西南部扩张领土。冲突以夺取伊索米山而告终，斯巴达随后使该地区的所有居民都沦为奴隶。

关于希洛人（"俘虏"）这一社会阶级，其真正的奴役地位一直是广泛争论的焦点。希洛人是社群的一部分，他们耕种土地，可以组建家庭，住在与主人分开的住宅中。每个月，他们都必须交出部分收成，用于自由公民的集体用餐。提尔泰奥斯对他们做了如下描述："就像驴子背负重担，迫不得已，他们向主人提供了土地上一半的果实……每当死亡之灾降临，他们和他们的妻子，就要为他们的主人哀悼。"（提尔泰奥斯，第 5 节）

与被视为商品的奴隶不同，希洛人不能买卖。他们作为依附于土地的被征服人口的地位构成了一个独特的框架。例如，城邦还给了他们自由。但最显著的特点是，他们是希腊唯一的奴隶人口，可以想见他们会提出政治三张，要么脱离社会，要么融入斯巴达公民的群体。另外，他们的数量优势严重影响了斯巴达的生活方式。面对以武力屈服并准备叛乱的人口所带来的危险，这座城邦以集中力量的方式进行防御。

而且，被征服的土地的划分很可能是不公平的，这引起了斯巴达人的内部分歧（stasis）。两代人之后，情况恶化，斯巴达人在叙西阿伊战役（公元前 669 年）面对主要敌人阿尔戈斯人时受挫。美塞尼亚人趁机起义，开始了第二次美塞尼亚战争。

来库古改革之前的事件并不为人所知。但是，有几件事可以断定。提尔泰奥斯的哀歌以第二次美塞尼亚战争为背景，鼓舞士气（"英勇杀敌为祖国而战，为子孙

斯巴达的崇拜对象

来自斯巴达的主要宗教中心之一阿尔忒弥斯·奥尔提亚圣殿，位于埃夫罗塔斯河附近，公元前7世纪（现藏于雅典国家考古博物馆）。

而战，舍去一条性命”），呼吁和谐，提出一个城邦在危机中有必要重建其社会凝聚力。

与此同时，战争时期正是斯巴达采用重装步兵战斗系统的时候，其战斗力闻名整个希腊。战争的胜利调节了社会危机。美塞尼亚被斯巴达公民瓜分，每名重装步兵都有权分享战利品。

面对社会纷争，也许还有土地匮乏的问题，斯巴达本可以像邻居科林斯和阿尔戈斯一样走上僭主政治的道路，但是，随着新征服的土地日益丰富，斯巴达开始了一种革命，旨在平息和防止可能导致强势之人夺取政权的社会对抗。因此，从公元前7世纪中叶开始，斯巴达进行了独树一帜的改革。然而，在其他希腊人眼中，来库古立法是一个不朽的创始法案，也许是因为斯巴达人小心翼翼地用神秘将其包围了起来。

这种神秘也围绕着来库古其人，即使这场革命归功于他。所有以来库古的名义颁布的一整套“大公约”和法律都赋予了斯巴达一个组织和一种凝聚力，从根本上将其与希腊世界的其他地方区分开来。在采取的许多制度和社会措施中，土地的公平分配尤其值得注意。其目标是限制寡头的权力，让最贫穷的公民摆脱贫困。

斯巴达人的生活方式

来库古建立的不仅是一套法律，而且是一个旨在实现公民平等的真正的道德准则。从那时起，斯巴达人就是平等者（homoioi），意即“平等”或“相似”。从孩提时代起，他们就必须接受能够使他们成为公民的教育，完全致力于这种平等主义的理想和军事训练。

斯巴达的祭品和还愿物

祭品的倍增

从公元前8世纪末到公元前7世纪初，祭品的数量异常增加。在位于利姆奈（Limnai）和埃夫罗塔斯河左岸之间的阿尔忒弥斯·奥尔提亚圣地，以及非常靠近但在对岸的梅涅劳斯（Ménélas）和海伦（Hélène）墨涅拉俄斯（Ménélaïon）圣地，这一惊人的增长并不罕见。此外，这种演变与斯巴达政治和社会制度的变化相吻合。

陶俑面具

公元前7世纪左右，人们向阿尔忒弥斯·奥尔提亚献祭了人脸模样的陶俑面具（老妇人或重装步兵的脸孔，如右图，现藏于斯巴达考古博物馆）。这类祭品实际上只存在于这座圣殿中。其起源（可能来自腓尼基）及其意义（也许是从一个时代过渡到另一个时代的象征）仍然是一个谜。

斯巴达墨涅拉俄斯圣地的铅制还愿物

这些代表微型重装步兵的铅制还愿物来自斯巴达的墨涅拉俄斯圣地。它们反映了城邦的军事组织。和陶俑面具一样，它们是斯巴达城邦的典型代表。在斯巴达以外，人们只在可能受其影响的地方发现了少量这种还愿物。

阿波特泰（Apothètes）峡谷

根据传统，斯巴达人向这座峡谷丢弃了被认为不适合成为他们社群一员的新生儿。该遗址位于斯巴达附近的特里皮（Tripi）地区，游人可以进入参观。

斯巴达人著名的教育系统（agôgè）隶属于城邦，由城邦负责照顾 7 岁以上的儿童。今天法语的形容词“斯巴达”（spartiate）的意思就是斯巴达人式的严格刚毅。以下是色诺芬在《斯巴达政制》中的描述：“所以我们在斯巴达看到了很多尊重和服从。

“来库古不允许孩子们穿鞋，而是规定他们赤脚走路以增强脚力；他觉得这种做法可以让他们更轻松地爬上陡峭的斜坡，并且在下坡时更有安全感……

“来库古不允许他们变换着装，而是养成整年都穿一件衣服的习惯，认为这样可以更好地御寒防热。关于食物，他规定（16 岁至 20 岁的斯巴达年轻人）应该满足于队伍提供的普通膳食，其量是不至于过饱和增重，但可使人保持饥饿。事实上，他相信，如果有必要，以这种方式抚养长大的人将更擅长持续空腹劳作，并且如果他们被命令这样做，则进食同样的口粮能够坚持更长时间……

“然而，为了让孩子们不至于感到太过饥饿，他允许他们，并非毫不费力地获取缺乏的东西，而是偷取可以对抗饥饿的东西……可以说：‘那他既然认同偷窃，是否不希望被发现的偷盗行为受到惩罚呢？’我的回答是，世界上所有的老师都在纠正差学生。因此，斯巴达人会惩罚被抓到的孩子，正是因为他们偷窃行为的拙劣。来库古还让孩子们从奥尔提亚的祭坛上偷走奶酪，偷得越多越光荣，并规定在此期间他们会遭到同伴们的鞭打；因此，他的设计是为了表明一个人可以通过短暂的痛苦获得永恒荣耀的幸福。”（《斯巴达政制》，第二章，第2—9页）

斯巴达教育最有名的考验是“克里普提”（cryptie）。秘密警察（crypte）选自16岁至20岁的斯巴达年轻人，他们需要离开城邦一年，在周围山区的野外生活。除了学习生存技能，秘密警察还要在夜间屠杀希洛人。年轻秘密警察的野蛮行径具有重要的社会和政治作用，因为这是维持对希洛人统治的一种手段。

严格的军事训练

那些通过这种严厉的教育学会了纪律、自信、忠诚和服从的人，在20岁时可以获得“平等”参与共餐（syssitía）的权利，即成为正式公民的权利。用餐期间，客人以至少15人为一组，食用等量的相同食物。每个月，其中一人都会带来约定数量的食物——包括大麦、葡萄酒、无花果、奶酪和少量用于购买其他食物的钱。

一场祭祀之前首先要进行共餐。其中包括最年轻的成员从狩猎中带回的猎物，他们必须保持对希洛人的监视。孩子们也会参加这些餐会，以学会应有的习俗，倾听公民之间的对话。这些男性社区——参与者之间经常发生性关系——是真正的军事训练场所。这些人一直在这种环境中生活到30岁。

只要稍有失误，追求“平等”地位者就有可能被剥夺公民身份。根据斯巴达之外的消息来源，“部落长老”从婴儿出生的那一刻起就会根据其身体状况来决定是

训练备战

战斗训练是斯巴达教育的重点之一。在这个建立在军事理想之上的社会中，重装步兵在整个希腊享有盛誉。

插图 公元前5世纪末的雅典浅浮雕（现藏于雅典国家考古博物馆）。

否让他活下去。为了培养健康强壮的后代，出生和婚姻是来库古改革的核心。无论男女，均要接受理想化的政治道德灌输。

因此，女孩儿和男孩儿一样接受军事训练。她们所受的教育主要集中在舞蹈和体育运动上，因为人们认为这可以使分娩顺利，并且强壮、训练有素的身体能够孕育更强壮的孩子。男女青年们赤身裸体地生活，以激励他们照顾好自己的身体。

待女子成年，她在婚前会遭遇一次绑架。有人将其强行带走，剃光她的头发，把她打扮成男人，藏在一间小黑屋里。年轻的小伙子在无人看见的情况下进入房间，然后再回到男性社区睡觉。在普鲁塔克和色诺芬看来，绑架行动艰巨以及同房时间不足，助长了男性的欲望，这反过来有利于养育优质的后代。

因此，在一个经常受到寡头政治威胁，被公民士兵短缺（改革开始时“平等”人为 9000 人，3 个世纪后还不到 3000 人）问题和希洛人叛乱问题困扰的社会中，通奸不被视为犯罪。

妇女可以怀上任何自由公民的孩子，这种关系看重的是自由公民的品质。她们首先必须征得丈夫的同意，这表示丈夫承诺承认这些非婚生子。因此，当丈夫年老力衰时，妻子可以与比她们的丈夫更有活力、性生活更活跃的男子结合生子，并将这些非婚生子献给城邦。

著名模板

所有这些以战争实践为导向的措施，产生了一个公民士兵社会，对他们来说，战斗比任何其他活动都更能达到最终目的。探究斯巴达在希腊世界中对其公民身份的定义，可以发现，斯巴达公民与重装步兵之间的私下联系比其他地方更紧密。这种独特性赋予了斯巴达非凡的军事优势和声誉。

斯巴达的盛名远远超出了伯罗奔尼撒半岛，在受僭主统治的贵族眼中，斯巴达是自由之地的象征。由于被剥夺了昔日的霸权，贵族希望得到斯巴达的支持来对抗僭主。因此，结束雅典僭主政治的正是克利昂米尼（Cléomène）国王指挥作战的斯巴达军队。

斯巴达的案例表明，面临古风时代末期希腊城邦所经历的社会危机，主要有僭主政治和立法这两种解决方案——而立法才是长久之计，继斯巴达之后，立法从公元前 6 世纪开始推广。

可能有人认为，斯巴达社会的军事使命完全阻碍了城市规划的发展和城市的美化。斯巴达给人的严峻印象可能来自硬性的规定。这种严肃性反映在来库古法典中，该法典主张不要装饰住宅外观，并禁止在纪念碑上进行艺术装饰。在斯巴达，功能性和必要性优先于奢华和多余。

法律还禁止公民个人致富。国家严格管控他们的财产，禁止私人持有金银。铁制的斯巴达货币几乎没有价值可言。它的重量使其难以运输，更沦为其他希腊人的

雅典英雄忒修斯的传说

雅典的忒修斯可以与希腊最伟大的英雄赫拉克勒斯比肩。阿提卡的城市也以他的名义团结起来。

忒修斯，埃勾斯之子，雅典国王，是雅典的主要英雄人物。神话中最著名的情节无疑是他铲除牛头怪——一个生活在代达罗斯建造的克诺索斯迷宫中的半人半牛怪物——的故事。在战胜雅典之后，克里特国王米诺斯命雅典向其进贡。雅典每7年要向牛头怪交付不少于14个年轻人。忒修斯设法杀死了牛头怪，并在被他吸引的阿里阿德涅的帮助下，通过她给他的一根羊毛线找到了回去的路。返回雅典的途中，他将阿里阿德涅遗弃在纳克索斯岛上，但不幸忘记了升起白帆——他凯旋的标志。其父见状，自杀而死。忒修斯继位，统一了阿提卡城邦。

插图 黑绘双耳瓶，描绘了忒修斯杀死牛头怪的场景，公元前6世纪（现藏于巴黎卢浮宫博物馆）。

斯巴达勇士

公元前7世纪，斯巴达开始采用重装步兵战斗系统，并多次与强邻发生冲突。在古典时期，斯巴达与波斯人和雅典人的冲突成为传奇。公元前6世纪的青铜雕像（私人收藏）。

笑柄。

这些措施旨在避免产生一个优越的公民阶级。在本身已经优越的“平等”种姓之中，实际上并不能阻止某些斯巴达人比其他人“更平等”。虽然理论上禁止出售土地，但通过婚姻或捐赠（或隐秘出售）的方式交换土地以及在继承期间分享土地——这可以比作节育，从而导致潜在士兵数量的减少——是可以容忍的。

从长远来看，这些做法最终导致了少数人手中的货物积累。经济特权阶级从社会精英（杰出的马匹饲养员和战车比赛中的佼佼者）中诞生了。结果，能够参加享有盛誉、门槛更高的共餐的人数越来越少。

在斯巴达平等幻象的面纱下，一个复杂的等级制度发展起来，由此带来了紧张和冲突。这些争端削弱了这种在希腊其他地方无法比拟的凝聚力。生活方式的僵化弱化了斯巴达人对古典末期希腊世界所经历的深刻变化所必需的反应能力。但在此之前，他们已经拥有了一整个时代的霸权。

忒修斯统治下的雅典

斯巴达贵族成员声称是赫拉克勒斯的后裔，他们在上一代被流放后胜利归来，而雅典人吹嘘自己从未被迫离开他们的领土。他们以自己是原住民而自豪，并认为

雅典的奥林匹亚宙斯神庙

这座神庙于公元前6世纪由庇西特拉图动土开工，后在哈德良统治期间竣工。这座建筑也被称为奥林匹亚宙斯神庙（Olympiéion），亚里士多德在《政治学》中称其为僭主政治赢得人民青睐的伟大工程之一。

他们神话中国王的血统来自大地。阿提卡的土壤由赫菲斯托斯神施肥，孕育了半人半蛇的埃里希托尼奥斯（Érichthonios），而埃里希托尼奥斯又造就了这座城邦的古代君主王朝。

确实，自遥远的新石器时代以来，一代代居民立于阿提卡中心一座80米高的坚不可摧的山峰之巅，就已经在思考时间的流逝。迈锡尼军事首领是忒修斯等英雄神话的来源，他们会在这个地方建立堡垒。从这次登顶，他们将见证青铜时代的黄昏，直到这个辉煌时代的火焰熄灭。

与希腊其他地区发生的情况相反，雅典向下一个时代的过渡是循序渐进的。这块岩石高地后来成为雅典卫城，是希腊上城的典范。

在公元前 5 世纪，这座小型遗址占据了 2500 平方公里的领土，在当时并不奇怪。雅典周围有四大领地：包括“平原地区”（pedion），环绕着城市，与四座山脉和大海接壤；“沿海地区”（paralia），沿着阿提卡半岛的东南边界一直延伸到苏尼翁角；“内陆地区”（mesogaia）；最后，是在西北部、厄琉息斯周边的特里亚斯平原。

虽然斯巴达将其统治范围扩大到 7500 平方公里是事实，但阿提卡地区的四片领地拥有坚固的天然屏障，足以分别成立四个不同的社区（比如阿提卡北部的维奥蒂亚）。此外，斯巴达领土由独立领地（庇里阿西人的领地）或附属领地（希洛人的领地）组成。而阿提卡农村地区的居民则享有与雅典居民相同的权利和义务。

阿提卡青年雕像

这座大理石雕像雕刻于公元前 590 年至公元前 580 年，为埋葬一位年轻的雅典贵族而设计。现藏于大都会艺术博物馆，因此被称为“纽约库罗斯（Kouros）”。

“内部殖民化”

这个奇异的组织有着神话的缘起：忒修斯之建城，他承诺将阿提卡的城邦聚集在雅典的权威之下。雅典人将这一事件追溯到英雄时代，这是不可能锚定在历史现实中的。在迈锡尼世界崩溃之后的普遍毁灭浪潮中，雅典似乎确实比其他国家遭受的损失要少。在黑暗时代，雅典相对繁荣过，地中海偏远地区的手工生产就证明了这一点。

但在这一阶段繁荣之后，雅典于公元前 8 世纪进入了发展的停滞期。这一阶段与公元前 740 年的人口复增相吻合，当时许多来自雅典周围农村地区的人口蜂拥而至。在殖民的鼎盛时期，当面临内部危机时，其他城邦选择出海，而雅典则开始开垦其领土内的广阔空地。这就是历史学家所说的“内部殖民化”。

雅典贵族（由世袭贵族组成，意即“出身世家”）随后加强了对这些土地的权利，并励精图治于城邦治理。从古老的皇室王朝开始，神话和传奇人物的故事就不绝于耳：埃里希托尼奥斯、埃勾斯、忒修斯和他的儿子、默默无闻的门尼西修斯（Ménesthée）、《伊利亚特》中的雅典军队领袖，以及一长串国王名录，其中最后一位是科德鲁斯（Codros）。据传说，他在一场战斗中舍身自戕，因为神谕预言胜利的军队将是使国王灭亡的军队。

除了这些故事之外，无法描述或确定雅典君主时代结束的事件先后。包括神话在内的最古老记载，都表明科德鲁斯的后裔获得了统治者（arkhon）的头衔。于是国王成为平等者中的第一人。他与其他执政官一起统治了 10 年。在公元前 7 世纪的前四分之一，执政官的人数增加至 9 人，任期减少至 1 年。

所有这些信息都来自《雅典政制》，亚里士多德在该书中还描述了“名年执政官”。“名年执政官”以其名为雅典年号，统治着城邦、军事执政官和巴赛勒斯，巴赛勒斯曾经的王室职能此时仅限于神圣领域，并主持最高法庭——阿雷奥帕古斯。这个在“阿瑞斯山”上召开的贵族委员会的使命是确保法律的持久性。因此，在雅典，由于其他贵族对权力的渴望，巴赛勒斯这一非凡人物的传统权威被相对稀释了。

古风时期雅典的奴隶、公民和社会阶层

在古风时期的 3 个世纪中，雅典的社会组织发生了深刻的变化。然而，这种社会组织的基础是根据法律而非经济标准建立的公民与非公民之间的区别，以及奴隶制的发展。

在黑暗时代结束时，国王和部落首领消失了，将权力留给了少数贵族家庭，他们几乎控制了整个领土。其他享有充分权利但经济实力较弱的自由公民可以承担为机构服务的各种职责。但由于贵族掠夺土地，许多自由人受到奴役，被迫在大型农场劳作。至于“非公民”，他们一般是定居在城邦的外国人，自由但没有公民身份。最后，奴隶阶级由被击败的敌人的后裔、当海盗时被俘者，以及债务或奴隶贸易的受害者组成。在雅典，奴隶补充了从事田间工作的家庭劳动力。一些人还在矿山、作坊或家庭中工作，如这件阿提卡陶瓷的装饰画所示，描绘了公元前510年左右的侍酒奴隶（现藏于牛津阿什莫林博物馆）。

在这种明显的政治共识氛围中，发生了一件揭示了世袭贵族之间权力斗争的事件。雅典历史上第一个有明确证明事件的主人公是一位前奥运冠军。公元前 630 年左右，一位高贵的雅典人塞隆（Cylon）——僭主特阿格勒斯（Théagène）之女的丈夫——从墨伽拉抵达雅典。在一群贵族和墨伽拉军队的支持下，塞隆试图征服雅典卫城并夺取政权。

在夺取短暂胜利之后（希罗多德和修昔底德对此次夺权是否取胜观点大相径庭），阴谋者终告失败。他们败退到雅典娜祭坛之下寻求庇护，实际上他们违背了对保证生命安全的承诺。以阿克密尼德家族成员为首的执政官随后犯下亵渎罪，并谋杀了这些将他们置于神圣保护之下的人。为免众神的诅咒侵扰整座城市，阿克密尼德家族自此被流放。

怪物提丰

提丰是神话中百首龙身的泰坦巨人。这尊提丰雕塑出土自“百步神庙”（Hécatompédon）或古代帕提农神庙，可能建于梭伦时期（现藏于雅典卫城博物馆）。

这一事件将影响到公元前 6 世纪及之后的雅典历史。尽管历史迷雾重重，但这一事件为公元前 7 世纪末雅典的政治紧张局势和权力斗争提供了宝贵的启示。在敌对城邦的支持下建立僭主政治的失败尝试，随后一个显赫的贵族氏族被流放，这既表明了激烈的派系战争的存在，也表明了雅典人民反对僭主政治。

为了避免贵族的任意操纵，人们更愿意采用规章改革，或者更确切地说，采用书面和公开的法典。德拉古是第一个走上这条道路的雅典立法者。德拉古法典可谓毫无人道——后人常用“德拉古式”一词来形容严酷刑律——据说是用鲜血写成的。情节轻微的偷白菜罪都要被处以死刑，罪名视同谋杀。

德拉古（其名字的意思是“龙”或“蛇”）其人生卒年不详，

甚至可能并不存在。与来库古一样，他被认为进行了一系列有益的立法改革。在政治暗杀司空见惯的背景下，正如雅典历史的第一幕所表明的那样，他如此重视与血腥犯罪有关的法律是可以理解的。

关于德拉古是否在其他领域进行立法，仍然存在着争议。只有惩处谋杀罪的法律确实流传至今。这些法律标志着一个重要的进步，因为它们明确了故意杀人与过失致人死亡之间的区别。但是仅就立法改革，也不足以恢复消失的社会和谐。

梭伦的智慧

梭伦既是诗人也是立法者，位列希腊七贤之一，在饱受骚动和冲突困扰的雅典社会中，他履行了“调解人”（diallaktés）的职能。除了雅典世袭贵族一如既往的内部纷争之外，还有重装步兵以及在城邦事务中影响力蒸蒸日上的商人和手工艺者群体的不同诉求。这些新兴统治阶级从未停止过要求跻身一直以来由贵族垄断的行政官员之列。

此外，雅典的小地主对大地主的怨念越发深重，大地主剥削他们并向他们征收佃租。如果无法偿还债务，他们就会面临失去自由的危险。这种狂热的氛围引起了农村阶级和新城市阶级之间的竞争，催生了一个新世界：激烈分歧使得精英阶层四分五裂，哪怕是最轻微的冒犯——例如只是对卑劣行径的指责或对祖先的侮辱——一场遗产冲突，或仅仅是一次遇人不淑，都可能演变为暴力行为的爆发。

在这种经济实力差距巨大的动荡背景下，出身贵族家庭的梭伦有现成的僭主政治应对之策。但他对之断然拒绝，因为他知道这种统治形式会产生奴役。梭伦于公元前 594 年当选执政官，但是他不仅履行执政官的职能，还充当了对立派系之间的调解人，为此他选择了和谐处之。他具有调解的天赋，起草了宏图大略的法律来对抗社会不公，满足最弱势群体的要求，同时又不剥夺强者的所有。

这些刻在旋转木板（轴突、轴心）上的法律成为雅典社会结构的支柱。但在作为调解人的艰巨任务中，梭伦也不得不面对对峙双方的分歧，正如他自己所说的那样：“我所给予人民的适可而止，他们的荣誉不减损，也不增加；即使是那些有势

菲洛墨拉

这件来自瑟美斯（Thermos，位于埃托利亚）的阿波罗神庙的陶俑描绘了神话中的雅典国王潘狄翁（Pandion）的一个女儿。可追溯至公元前630年左右（现藏于雅典国家考古博物馆）。以贵族为主角的神话故事反映了这座城邦曾经的主人的习俗，这些习俗在梭伦统治时期仍然存在。

有财之人也一样，我不使他们遭受不当的损失；我手擎大盾，保护两方，不让任何一方不公正地占据优势……当你做伟大的事情时，很难取悦所有人。”（亚里士多德，《雅典政制》，第十二章）

“解负令”

根据某些资料——亚里士多德的《雅典政制》和普鲁塔克的《梭伦传》——立法者的改良主义精神可以概括为一种口号：“解负令”（seisachteia）。“负”究竟指什么，如何做到“解负”呢？自公元前4世纪以来，这个问题一直存在争议。然而，历史学家一致认同这样一个事实，即“解负令”指废除农民向地主缴付六分之一收成作为佃租的规定。

明智的梭伦还呼吁应废除个人作为债务担保人的做法，这种做法在过去曾使部分雅典人沦为奴隶。许多评论家认为，佃租本身并不过分沉重，但在某些情况下，地主以凭空的欠款为借口，任意要求偿还债务，这才导致了奴役情况的发生。而对于雅典人来说，一个人因此成为另一个人的奴隶，是无法容忍的。

但是，还有一种解释称，其实收成的六分之一并非支付给地主的租金，而是留给农民的份额。只是由于资源稀缺，农民负债累累，最终被卖为奴隶。还有第三种分析意见认为，在贫瘠土地上挣扎的贫困小地主将其财产抵押给富人，并以生产的六分之一作为利息，于是产生了标记这些抵押的土地。

梭伦在诗中叙述了如何打破这些限制——除非这是一个隐喻——他不仅解放了对人的奴役，而且也解放了对土地本身的奴役："在我团结人民去谋求的一切目的中，有什么我还没有做到？在时间的裁判席面前，那奥林匹斯诸神的伟大母亲，黑土，将是最好的证人，因为正是我，为她拔掉了树立着的许多界标；以前她曾是一个奴隶，而现在已经自由。许多被出卖的人们，我已使他们回到这神所建立的雅典，其中有的无辜被售，也有的是因故出卖；有的为了可怕的贫穷所迫逃亡，不复说他们自己的阿提卡言语，到远方飘荡，也有的惨遭奴隶的卑贱境遇，甚至就在家乡，因主人的怪脾气而吓得发抖，我都使他们解放。

"我使这样的事情普遍流行，调整公理和强权，和谐共处，这样我应允的事都已一一完成。我制定法律，无贵无贱，一视同仁，直道而行，人人各得其所。果是别的人代我执着鞭策，他，这不智与贪婪，又哪能抑制人民！因为如果我有时让敌对的两党之一得意，而有时又令另一党欢欣，这个城市就会有许多人遭受损失。所以我卫护两方，进退维谷，有如孤狼在一群猎狗之中！"（亚里士多德，《雅典政制》，第十二章）

诗人第二次讲述他不得不面对来自对立双方的攻击。的确，尽管他本着一丝不苟的正义精神行事，拒绝所罗门王的极端行为，但双方的期望还是都落空了。贵族们感到被自己人背叛了。另外，平民并没有获得他们渴望的公平分配的土地。

民主的基本要素

尽管如此，梭伦还是进行了一系列宪法改革，这些改革是未来民主的基础。改革确立了以财富为唯一标准、而不是世袭贵族的社会等级制度，目的是建立一个稳定和负责的统治阶级。通常以谷物和豆类的收入为衡量标准，通过麦斗（médimne）将雅典公民分为四个等级：收入大于 500 麦斗者为第一等级，称为“五百麦斗级”（pentacosiomédimnes）；收入大于 300 麦斗者为第二等级，因此可以拥有一匹马［因此他们被称为“骑士级”（hippeis）］并用于战斗；收入大于 200 麦斗者为第三等级，称为“双牛级”（zeugites，意为“一对牛的主人”）并组成了重装步兵；最后，收入 200 麦斗以下并为他人工作者为第四等级，称为“日佣级”。

从某种程度上说，这种分类对贵族出身者来说是一种打击，因为这项改革令贵族政权让位于以税收为基础的政治制度，在这种制度下，获得公职是财富的一项功能。具体来说，古希腊世袭贵族出身者为“五百麦斗级”，有时可能为“骑士级”，仍然占据着执政官的职位。

这种等级制度随即通过权力机构的重塑得到补偿。古代执政官聚集的元老委员会——亚略巴古（Aéropage），仍然是古希腊世袭贵族的堡垒，执政官的真正归属落到了第一等级者，即不论出身的富豪等级。在决策过程中，公民大会（Ekklèsia，包括日佣级在内的所有人都可以参加的市民议会）的权力也大大削弱了贵族的权力。事实上，梭伦改革在这一点上不同于传统的希腊政治架构——传统的希腊政治架构与斯巴达一样，市民议会处于贵族的控制之下。在司法领域，公民在法律面前一律平等，因此设立了民众法庭（Héliée），该法庭对所有公民开放并确定为上诉法庭。每个公民，不分阶级，都可以对任何违法者提起诉讼。

走向社会正义

除了这些具有未来民主雏形的措施，梭伦还在各领域立法，如就在婚姻中炫富或冒犯死者等行径制定了惩处法则。例如，他制定了立遗嘱相关的法律，根据该法，

梭伦与希腊机构

公元前594年，梭伦被雅典贵族选举为执政官，授予他非凡的权力。这位著名的贤人进行了重要的立法、社会、政治和法律改革。为了结束根据血统分配权利，他根据财产收入将公民分为四个等级（“五百麦斗级”、“骑士级”、“双牛级”和“日佣级”）。这是计算税收和军费开支的基础，并决定了公民承担公共责任的门槛。

益于人民的措施

为了平衡亚略巴古的权力，梭伦被认为创建了委员会（由400名平均分配在四个等级中的公民组成的委员会）。但他的目标只有在雅典民主发展到更高阶段时才能实现。他还创立了民众法庭，除其他职能外，该法庭负责受理公民对行政官员行为的上诉。

插图 梭伦半身像，可能是希腊原件的罗马复制品（现藏于那不勒斯考古博物馆）。

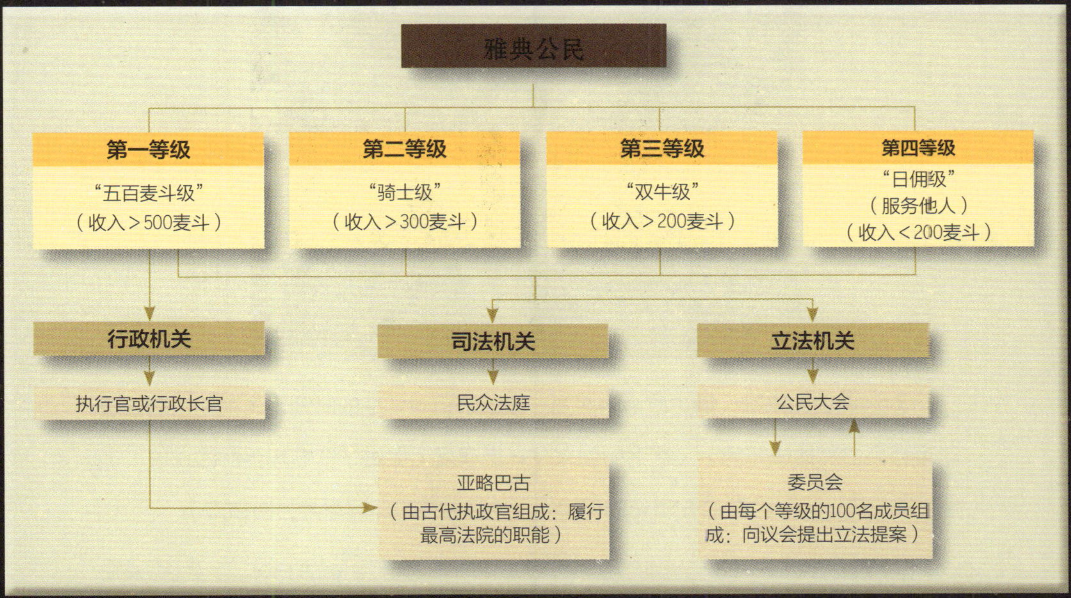

执政官 执政官或行政长官是从第一等级（也可能是第二等级）的成员中选出的。他们是行政机关。

民众法庭 该机构负责主持公道，伸张正义。由6000名30岁以上的公民组成，每年通过抽签选出。表决采用无记名投票的方式。

公民大会 该会议聚集了所有根据定义拥有政治权利的公民。其职能是讨论、修正和批准法律草案。

亚略巴古 这个享有盛誉的机构会集了所有担任执政官职位的行政长官。其保障宪法得到公民的认可和尊重。

委员会 该机构由公民大会的成员组成，也称为四百人委员会，负责准备议会辩论的法案。

平民的出现或社群的顶峰时期

对雅典公民来说，僭主政治时期是一段经济相对繁荣的时期。先前通过的立法改革和来自其他城邦的手工艺者的到来在一定程度上促进了贸易和生产的发展。上图：陶艺家，绘于公元前 6 世纪的墓碑之上（现藏于雅典国家考古博物馆）。

僭主政治结束后，由于克里斯提尼（公元前570年—公元前507年）的改革，社会状况有所改善。克里斯提尼改革为公民之间的平等铺平了道路，让每个人都可以加入公民大会、委员会和主要司法机构。阿提卡的整个社群，即平民（由所有的民众组成），在雅典各机构中从此都有了代表。雅典政治的基本单位——德莫区（dèmes）的建立可谓一场政治革命。社群的划分是根据行政标准确定的。每个德莫区都会集了在同一社群出生的18岁以上的男性。凭借相对的自决权和公认的权利，这些地方成为地方民主的中心，允许每个人参与地方内部事务。

若有立遗嘱人在起草遗嘱时年老体弱，或者是在酒精、胁迫或在美色的影响下立下遗嘱，则遗嘱无效。

梭伦最重要的立法为“社会正义”铺平了道路。从这个意义上说，即使不能说梭伦奠定了雅典民主政治的基础，他仍然通过废除对小农的依赖，并通过制度保证法律面前人人平等（希腊人称为“平等法”）而达到了民主。但是，梭伦建立起来的机制很快就失效了，家庭和社会阶层之间冲突不断，最终被僭主政治终结。

虽然结束了贵族的垄断，但梭伦的改革并没有影响雅典世袭贵族对权力的渴望。在随后的几年里，达玛西亚斯（Damasias）为执政官一职拼搏奋战。虽然执政官任期一年，但他在执政了两年零两个月后才被强行撤职。同样，官方记录显示，公元前 590 年和公元前 586 年出现了权力真空。在这些年份里的执政官选举无效，导致了“无政府状态”（anarkhía）——这个词汇的本意即为“执政官缺席”。

庇西特拉图的僭主政治

20 多年后，庇西特拉图终于登上了政治舞台。他是一位勇敢的行动者，希罗多德在《历史》以及亚里士多德在《雅典政制》中都叙述了他的急速崛起。正是在与墨伽拉的战争中，这位梭伦的亲戚展示了他的领导才能。作为一名军事执政官（军事首领），他带领雅典军队取得了著名的胜利。公元前 570 年，他成功地占领了萨罗尼克湾的萨拉米斯岛。该岛位于阿提卡和墨伽拉之间，是两个敌对城邦之间的摩擦点。由于墨伽拉军队被彻底歼灭，雅典确立了其对该地区的霸权地位。

与此同时，在雅典，两个强大的派系正在争夺权力。他们以所在地理环境来自称——“平原派”和“海岸派”。事实上，前者是代表寡头政府的地主贵族，而后者是拥戴民主的船东和商人。这两个明确定义的集团分别由寡头政治家库尔戈斯（Lycurgue）和麦加克勒斯（Mégaclès）领导——麦加克勒斯的祖父与其同名，带来了阿克密尼德家族的诅咒。阿克密尼德家族被梭伦赦免后，从流放中归来，但在贵族们的眼中，他们仍然是被流放者。

至于第三个也是必不可少的社会阶层，即平民，需要一个捍卫其事业的拥护者。庇西特拉图把握人民的脉搏，凭借他的胜利者光环、个人魅力和政治智慧，尤其是他的民众主义倾向，引领了“山地派”。在公元前 561 年，他得以执掌政权。

希罗多德以一种充满活力的叙事风格证明了这一点：“这个庇西特拉图，在雅典人内部发生由阿尔克美昂的儿子麦加克勒斯所领导的海岸派和由阿里斯托拉伊戴斯的儿子里库尔戈斯所领导的平原派之间斗争的时候，想出了一个成为僭主的办法，他趁着党派之争的机会纠合了第三派。他集合了一批党员并自称为山地派的领袖后，便想出了下面的策略。他弄伤了自己和自己的骡子，赶着车进了市广场，（扬言）敌人想在他驱车回乡下的路上杀死他，而他刚刚逃脱了敌人的毒手。他要求民众分配卫兵来保护他；他要他们记起他过去享有的光荣，因为他曾指挥对抗墨伽拉人的进攻，那时他曾攻占尼赛亚城，还立下了其他许多伟大的战功。

“被他的花言巧语欺骗的雅典人就为他选出了一队市民作为卫兵，庇西特拉图不让这些卫兵拿枪，而让他们手持棍棒，在他到任何地方去的时候，他们都拿着棍棒伴随着他。庇西特拉图便和他们一道发动政变并占领了卫城。这样，他便取得了雅典的统治权，他毫不弄乱先前已有的各种官职，也不改变任何法律。他根据既定的制度治理城邦，他的措施是贤明和巧妙的。”（希罗多德，《历史》，第一卷，第 59 节）

僭主的把戏

然而，这最初的成功是短暂的，庇西特拉图未能继续掌权。敌对派系联合起来对抗这个强大的对手，并在 5 年后将他驱逐出雅典。不过，他用一支专门为其服务的私人警卫队将其团团围起，保护起来，从而展示了他的实用主义和蛊惑人心的能力。至于他的政治能力，则可通过与阿克密尼德家族结成婚姻联盟来证明，而此时平原派和海岸派又开始发生冲突。

事实上，在被流放 11 年后，庇西特拉图迎娶了麦加克勒斯之女，回到了雅典。

凭着一贯的机巧，他设计令一名身材高大、身披铠甲的少女装扮成雅典娜女神来迎接他。根据希罗多德的说法，雅典人没有落入陷阱的危险之境，“在我看来是历史上最愚蠢的办法——特别是考虑到希腊人从远古的时候起，便以较大的智慧和远非愚蠢简单而有别于异邦人”（希罗多德，《历史》，第一卷，第60节）。许多其他评论者将此事件描述为一场闹剧。然而，这则逸事证明了庇西特拉图知道如何充分利用民众的宗教情感来打动他们，产生共鸣。

6年后，麦加克勒斯撕毁联盟，第二次将庇西特拉图逐出城市。根据希罗多德的说法，庇西特拉图之妻，即麦加克勒斯之女是造成这种情况的原因。由于担心阿克密尼

希腊重装步兵

派系斗争标志着雅典僭主政治和庇西特拉图争夺权力的时代。阿提卡陶瓷展示了装备有盾牌的重装步兵队形。这些公元前6世纪的盾牌都具有不同的设计，与佩戴它的战士所属的氏族相对应。

德家族的诅咒会降临到新的后代身上（著名的庇西特拉图之子希帕克斯和希庇亚斯在当时已经是年轻人），庇西特拉图不希望与他的新妻子生孩子，便“以一种不寻常的方式”与她结合。除了历史学家提供的那些粗鄙的细节外，这一事件表明，僭主的权力还不足以让他为所欲为。

掌权与流放交替的时间顺序仍然极具争议。第二次流放可能持续了 10 年，在此期间，庇西特拉图前往了埃雷特里亚。在那里，他与强大的底比斯和阿尔戈斯城邦结盟。目前尚不清楚庇西特拉图在这些城邦的统治地位以及它们本可以对他承担的义务。但他维持的高效网络，特别是在银矿丰富的马其顿地区，为他提供了召集雇佣军所需的资源。

因此，在马拉松登陆后，庇西特拉图在帕勒尼斯（Pallène）战役（约公元前 546 年）中获胜。这一成功赢得了雅典人对其事业的支持。对于持不同政见者，亚里士多德在《雅典政制》中叙述如下：他在忒修斯神庙附近集结了公民军队，准备发表演说。由于他们听得不太清楚，他邀请他们走上卫城的入口处——当然是在放下武器之后。在他发表演说的时候，他的手下便把武器收集起来。庇西特拉图继而将收缴武器一事告知了市民，并平静地建议他们回去干自己该干的事。此后，他将负责城邦的事务。

如果稍加修饰，这则逸事描绘的是一个完美的僭主形象，他迅速而熟练地找到了有效的外交解决方案。需要强调的是，庇西特拉图没有修改宪法，也没有废除现有的司法机关。因此，这座城邦的生活继续根据梭伦制定的执政官、委员会和公民大会制度发展。这样，统治阶级就可以领导雅典的政治机器，只要它不违背僭主的意志，并得到僭主近卫的支持。

至于平民，庇西特拉图尽可能保证内部和外部的和平。外部和平很重要，因为雅典转而种植葡萄树和橄榄树，从黑海进口谷物。为了保证供应，雅典控制了与欧洲和亚洲海岸接壤的赫勒斯滂（今恰纳卡莱海峡）地区，这里是阿提卡名副其实的脐带。此外，庇西特拉图采取了有效的措施，使最弱势的群体能够通过农业维持生计。相传，有农民曾上百次向庇西特拉图哭诉自己的悲惨境遇，其土地只能获得十分之一的收成，这则逸事推动了他取消对这类公民征税的计划。

亚里士多德和柏拉图毫不犹豫地评价庇西特拉图唤起了一个黄金时代。的确，除了政治和经济领域之外，庇西特拉图在公元前 5 世纪奠定了雅典繁荣的基础，使之永远成为文化史上的瑰宝。他还发起了雅典卫城神庙的建设。也是在他的统治下，最初和早期的戏剧表演诞生了。

僭主的垮台

雅典的僭主政治在庇西特拉图锋芒已过的统治下结束，也就是说，他的儿子希帕克斯和希庇亚斯两人打破了他们父亲设法与贵族建立的平衡。庇西特拉图非但没有进行极权统治，反而微妙地使用了威胁和承诺相结合的统治方式。但他们并不是雅典唯一能够获得一群忠诚支持者的人。

此番话的证据如下：当恰纳卡莱海峡的雅典要塞色雷斯切索尼斯（Chersonèse）出现权力空缺时，他们派出了贵族米提亚德斯（Miltiade），他在庇西特拉图在世时就已经很好地发挥了政治上的平衡作用。然而，巨大的危险再次降临到强大的阿克密尼德家族。这两个事件标志着雅典僭主政治的结束。或者，换句话说，雅典僭主政治有两个版本的结语—— 一个是官方的，另一个是非官方的。

公元前 514 年，在泛雅典娜节的庆祝活动中，希帕克斯被两名贵族精英哈尔摩狄奥斯和阿里斯托革顿暗杀，他们也被当场处决。大约 30 年后，约公元前 480 年，弑君者的青铜雕像竖立在集市上，这是历史上首次能在如此光荣的地方设立雕像的历史人物。随着时间的推移，他们的墓地成为崇拜的对象，他们的后代不惜以牺牲城邦为代价来捍卫他们。在宴会上，诗歌歌颂那些“恢复了雅典人之平等”的人们。

在后来雅典人的想象中，哈尔摩狄奥斯和阿里斯托革顿成了自由的殉道士，他们通过扼杀僭主政治，开辟了通往民主的道路。即使他们的行为实际上是出于个人

雅典的古风时期：关键时间

约公元前620年

德拉古法典 立法者颁布了第一部雅典成文法，根据该法，大多数罪行均可判处死刑。

公元前594年

梭伦改革 立法者梭伦被推选为执政官，他改革了雅典的社会和政治框架。

公元前561年—公元前510年

庇西特拉图的权力 在他去世后，公元前528年至公元前527年，僭主政治落入他的儿子希帕克斯（公元前514年被谋杀）和希庇亚斯（公元前510年被推翻）的手中。

感情纠葛（根据修昔底德的说法，哈尔摩狄奥斯拒绝了希帕克斯的恩惠，于是希帕克斯回击羞辱他的方式是先邀请他的妹妹参加泛雅典娜节，然后让她打道回府，称其不配获得这样的荣誉）。

与斯巴达较量的开始

然而，刺杀僭主并没有废除现行政权，因为希庇亚斯仍然是雅典的领袖，行使着更加专制的权力。如果说哈尔摩狄奥斯和阿里斯托革顿的行动对雅典政制没有影响，那么它至少激起了贵族反抗僭主政治的开端。对此，希庇亚斯强化了他的政权，并将所谓的阴谋者流放。就在那时，阿克密尼德·克里斯提尼（Alcméonide Clisthène）率领流放者和持不同政见者多次试图夺取政权，但都未能成功。因此，他和他的支持者寻求强大外国势力的支援。

事实上，是斯巴达导致了僭主政治的垮台。公元前 510 年，在一次以失败告终的海上探险之后，斯巴达国王克利昂米尼从陆路入侵了阿提卡。在用重装步兵部队击败了一支前来援助僭主的色萨利骑兵之后，他开始围攻雅典卫城，起初未能成功。他们虽然在战场上所向披靡，却没能攻占一城一池。不过，幸运女神终于对斯巴达人展开笑颜，当希庇亚斯试图将家眷带出雅典时，他们被拦截下来。于是，希庇亚斯被迫撤退到远在赫勒斯滂的冬宫终老。

斯巴达人用“善治”（eunomía）为他们的武力干预作辩护：他们认为自己肩负着与僭主政治作斗争的

诛戮暴君（第 207 页）

哈尔摩狄奥斯和阿里斯托革顿暗杀了僭主庇西特拉图之子希帕克斯，他在其父去世后继位，为希腊历史的新时代铺平了道路。雅典雕塑的罗马复制品（现藏于那不勒斯考古博物馆）。

苏尼翁角的波塞冬神庙

这座神庙建于公元前5世纪古风时期的一座古建筑遗址之上。传说雅典第九任国王埃勾斯就是在这里葬身大海的，他以为其子忒修斯已经离世。从苏尼翁角可以静观船只抵达雅典。

使命。然而，他们对雅典的进攻也可能有地缘战略的原因。在伯罗奔尼撒半岛建立了一系列相当不平衡的联盟之后，斯巴达国王可能更愿意转向地峡以北较弱的敌人。

雅典人克里斯提尼在僭主政治倒台中的作用仍有待阐明。根据希罗多德的《历史》，阿克密尼德家族为重建德尔斐神庙做出了贡献。他们因此赢得了阿波罗的青睐，而阿波罗的神谕曾一再坚持地劝告斯巴达人将雅典从僭主手中解放出来。

克里斯提尼当然不是斯巴达人要找的傀儡。他勇于直面政治对手，无疑将成为崭新世纪的重要人物之一。在梭伦立法乃至庇西特拉图统治的启发下，他的政治改

革朝着民主又迈进了一步。

公元前 6 世纪的落幕也是一个时代的终结。恰逢雅典与斯巴达的命运最终交会的那一刻。两座城邦之间的冲突和结盟将持续约 50 年，直到公元前 5 世纪中叶后不久开始的一场终极武力对决。

档案：建筑与雕塑

古风时期出现了新的风格规则，无论是雕塑还是建筑，都宣告并促进了古典时期的艺术大发展。

在《伊利亚特》中，荷马对阿喀琉斯的武器进行了大篇幅的描述。在他的盾牌和胸甲上还刻有许多图案：宇宙、环绕大地的海洋、四季、富饶的大自然、一座和平时期的城市和另一座饱受战争蹂躏的城市、狩猎场景和田间劳作等。对此，诗人发表了文明史上的第一次艺术批评，描述了农耕场面的现实主义："在他们的脚下，大地变成黑色，像一片被犁过的田地——这是一种美妙的艺术！"

这是一个真正的美学宣言，颂扬艺术家创造再现现实场面的才能。在某种程度上，希腊雕塑艺术以其和谐感与比例感，追求超越物质的不可能实现的目标，留给古典时期一种艺术典范和美的理想，从而启发了后来所有的西方艺术。

但希腊建筑和雕塑不仅告诉我们希腊文化的审美标准，它们还更广泛地显示出希腊人与其神灵之间的关系，因为希腊艺术作品最常出现在宗教领域。特别是象征希腊艺术的神庙，位于艺术史和宗教史交叉的十字路口。

在古希腊艺术的诸多元素中，显然有必要强调因长期与腓尼基人交往而渗透到希腊人想象中的东方图案。在阿喀琉斯之盾上，宇宙的表现以及和平与战乱城市之间的对比，反映了观察世界的视野，这是东方化的元素。

具有异国情调的动物，例如狮子，则是亚述人王权的象征；例如可怕的蛇发女妖（长着蛇一样的头发和锋利的獠牙）和杂交生物；例如狮鹫（长着翅膀的狮身鹰首兽）或斯芬克斯（狮身人面女像），是恐怖的象征。这些图案都借鉴自东方，经希腊人根据自身感受加以改编。

荷犊者像 这件古风时期的雕塑杰作可以追溯到公元前 570 年左右（现藏于雅典卫城博物馆）。

希腊狮身人面像

狮身人面像（或者狮身人面女像，因为它有着女人的头部和胸部，身体是长着翅膀的狮子）是一个神秘的存在，它具有象征意义，出现在希腊雕塑和陶器上，通常栖息于柱顶。它在两个世界的交界处保护着神圣空间和墓地。

根据神话，驻守在底比斯入口处的狮身人面像向过路的旅行者抛出一道谜题。那些未能揭开谜底者都被判处死刑。当俄狄浦斯出现在狮身人面像面前时，被问什么动物先是四足行走，然后两足行走，最后三足行走。俄狄浦斯回答说是人，一开始是婴儿，然后是成年人，最后是老人。然而，他对狮身人面像的胜利标志着其悲剧命运的开始。

插图 大理石狮身人面像，可追溯至公元前540年（现藏于雅典卫城博物馆）。

来自提洛岛勒托神庙的石狮圣道（约公元前600年—公元前575年），让人强烈地联想到来自卡纳克（Karnak）的狮身人面像大道（约公元前1800年）。公元前560年左右，纳克索斯居民在德尔斐神庙安置的大理石制狮身人面像，就是这种有东方影响的例子，还有在墓顶看守着生死边界的美人鱼。

就像《伊利亚特》的叙事张力在很大程度上来源于对人与神之间关系的描述，古风时期的特点即在于对两者的表现。人类与神圣事物的联系纽带以及他们想象自己神灵的方式反映在这一时期的作品中，特别是希腊人为神灵建造的住宅，即神庙。

建筑

希腊神庙是城邦不可分割的一部分。宗教凝聚力是古风时期出现的社群新组织的基础，建筑的主要目标是为神祇提供一处居所。在城邦兴起之前，众神的居所可能与凡人的居所并无太大区别。这座神庙可能是按照正厅或迈锡尼王座室的模型建造的，里面有神像和供品——最初是为了纪念神灵的普通餐点。一个外部祭坛和一面围墙构成了整个圣所。

两个献给赫拉的圣殿分别位于科林斯湾的佩拉霍拉（Perachora）和阿尔戈斯，展示了建筑的演变。在这些遗址中，发现了微型建筑形象的黏土祭品——可能是神庙的复制品，只有一个房间供奉着神像。

这一间是“naos”（希腊词来源于一个动词，意思是“居住”，在法语中引申出“中殿”这个词）。其建筑包括一个由两根石柱支撑的门廊，以及一个有两个斜坡的屋顶。佩拉霍拉赫拉神庙的设计特点是包含一个圆形的后殿。但是，随着时间的推移，后殿的尺寸不断增加，很快呈现出矩形的形状。

由于希腊人曾在尼罗河三角洲尤其是瑙克拉提斯（Naucratis）殖民地行商，他们可能受到了宏伟的埃及神庙的启发，从而建造了他们的神的家园。这些神庙的比例呈现逐渐放大的趋势。随着神庙规模的扩大，在其周围有一排柱廊和一座前厅（pronaos），因其在中殿（naos）之前而得名；还有一座位于后部的后殿，用于放置祭品。最初，神庙建造者并没有使用大块的石头或大理石，而是在石头底座上使用更柔软的材料，例如，土坯或木头。

著名的多立克柱式和伊奥尼柱式——科林斯柱式是后期变体——出现得较早。在这个没有拱门和拱顶的建筑中，神庙的基本元素——基座、柱子和柱顶——决定了它属于何种柱式。几乎没有不遵守规则的建筑。

一般来说，多立克柱的特点是一个柱身（有凹槽）直接置于基座上，上面是一个简单的柱头，由一个盆状的石垫和一个四边形柱冠组成。伊奥尼柱的柱身更高更细，位于柱础上，顶部有涡形装饰的柱头。多立克式神庙楣板的特点是雕刻精美的排档间饰，以及三角槽排档（三竖线花纹装饰），而伊奥尼式的楣板是连续的。

根据一些历史学家的说法，如果科林斯城没有被摧毁后重建，那么最古老的多立克神庙的遗迹很可能已经在那里被发现了。尽管没有直接痕迹，但似乎多立克柱式确实是科林斯柱式的“再发明”，它传播到伯罗奔尼撒半岛（多利安领地），继而传播到整个希腊大陆，更远播到大希腊各城邦（在殖民期间，科林斯积极参与其中）。在所有这些地区，神庙都仿照奥林匹亚的赫拉神庙建造，其柱子最初是树干，

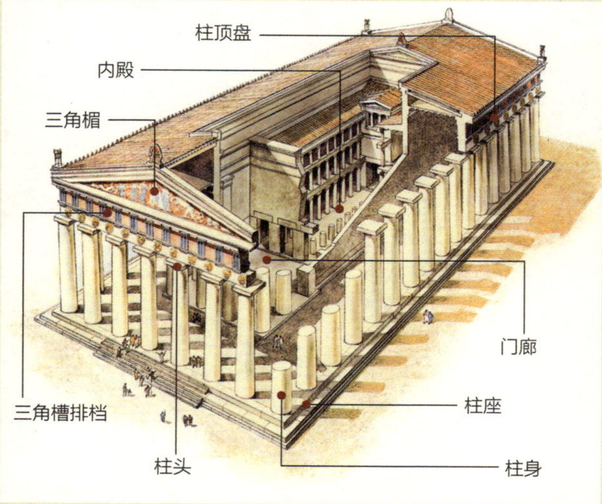

古风时期的神庙：多立克柱式和伊奥尼柱式

神庙的新功能使其成为向市民开放的社群生活中心，促成了一场伟大的建筑运动的诞生。围绕共同的原则，出现了两种风格：多立克柱式和伊奥尼柱式，两者反映了不同的精神和情感。❶ 多立克柱式，兴盛于欧洲大陆和西部殖民地（如西西里城邦塞利农特的神庙，如上图所示），朴素庄重。多立克柱式的特点是柱身有凹槽，无柱础，上有柱头。柱头由隆起的圆形石垫组成，上置一块正方形板——柱冠。柱子支撑着柱顶盘，柱顶盘包括光滑的额枋和饰有三角槽的排档，以及排档间饰的檐壁。❷ 伊奥尼柱式出现在小亚细亚富裕的希腊城邦，其规则没有多立克柱式那么严格。但它气质优雅，极具观赏性。伊奥尼柱式有用凹凸造型的线脚来装饰的柱础，柱身呈圆柱形，柱身上刻有凹槽，凹槽之间由纤细的平条线脚隔开。柱头饰有受植物图案启发的涡形装饰。

多立克柱头 特点是朴素庄重，来自公元前 6 世纪的森瓦雷斯（Xenvarès）。科孚岛。

伊奥尼柱头 阿尔忒弥斯·勒科普列耶神庙的柱头，公元前 2 世纪（现藏于柏林佩加蒙博物馆）。

科西拉阿尔忒弥斯神殿的三角楣 科西拉岛的这座神庙的三角楣上雕刻着一个蛇发女妖像。约公元前600年—公元前580年。

诸如科西拉岛（今科孚岛）、塞利农特（西西里岛）的阿尔忒弥斯神庙、帕埃斯图姆（意大利南部）的赫拉神庙以及科林斯的阿波罗神庙。科林斯的阿波罗神庙建于公元前6世纪中叶，它是希腊大陆保存较完好的神庙之一——但雅典的帕提侬神庙的历史则更加悠久，可以追溯到古典时期。

在爱琴海的另一边，小亚细亚的西海岸，伊奥尼风格（因其起源地区伊奥尼亚而得名）无疑成型较晚，但更为壮观。公元前7世纪末，在萨摩斯岛依照伊奥尼风格建造了一座献给赫拉的神庙。该神庙长100英尺（hecatompedon），成为后来希腊建造神庙的典范。

奢华之风从东方邻国传到希腊，反映在诸如狄迪玛的阿波罗神庙等建筑中。阿

古风时期具象雕塑的演变

许多真人大小的雕像，甚至尺寸更大的雕像，都可以追溯到古风时期。希腊人从埃及人那里学习了这门艺术，然后形成了自己的风格。这些作品逐渐演变为对人体越来越非程式化的描绘。它们被涂上鲜艳的颜色，但随着时间的推移，雕像逐渐褪色。

❶ **尼坎德瑞的科拉** 公元前7世纪（现藏于雅典国家考古博物馆）。阿尔忒弥斯的这个可能的代表（因为发现于提洛岛的阿尔忒弥斯神庙）因其硬度让人联想到木雕神像（xóana）。

❷ **欧塞尔夫人** 约公元前620年（现藏于卢浮宫博物馆），晚于尼坎德瑞的科拉，这尊雕塑凸显了人物动作，人物的手恭谨地放在胸前。

❸ **克利奥比斯和比顿** 约公元前590年（现藏于德尔斐考古博物馆）。这两个人物的形体僵硬（握紧拳头，一条腿略微前伸），反映了受到埃及雕塑的影响。

❹ **穿着佩普罗斯的科拉** 约公元前535年（现藏于雅典卫城博物馆），细腻的脸庞和精致的发型与盖住身体的紧身衣着形成鲜明对比。

波罗神在那儿有一处神谕圣所，或者著名的以弗所的阿尔忒弥斯神庙，献给阿波罗的妹妹阿尔忒弥斯，其历史可以追溯到公元前 6 世纪中叶。希罗多德记述说，邻国吕底亚的国王克洛伊索斯（Crésus）富可敌国，资助建造过一些柱子。这座神庙的宏伟壮丽及其在希腊建筑史上的重要性为其赢得了古代世界七大奇迹之一的地位。

雕塑

神庙的建造与雕塑的发展息息相关。它的艺术原则也确实在古代时期得到了定义。如果按照前文转述的荷马的观点，对于一个艺术家（手工艺者和艺术家之间的区别在希腊特别模糊），最好的赞美莫过于承认和赞扬他赋予石头或青铜等没有

⑤ 阿纳维索斯的库罗斯 公元前530年—公元前515年（现藏于雅典国家考古博物馆），由克罗伊索斯（雕塑家）制作的大理石作品，证明了古风时代末期雕塑的进步。

生命的材料以生命活力的天赋。毫无疑问，希腊人最能回应这一巨大挑战的就是雕塑。

传说中传统故事提到了在神庙中备受崇敬的木雕神像。但遗憾的是，没有复制品流传下来。这种类型的物品很可能演变成称为“kouroi”（单数“kouros”，意思是“年轻人”）和“corai”（单数“corè”，意思是“年轻女孩儿”）的还愿雕像。

如今已知最古老的希腊大理石雕像（约公元前 650 年）说明了从一种雕刻技术到另一种雕刻技术的过渡。这是一个高 2 米、宽仅 17 厘米的女性雕像，由一个名叫尼坎德瑞的小女孩儿（“尼坎德瑞的献身”，铭文如是写道）从纳克索斯岛带到提洛岛，作为对阿尔忒弥斯女神的祭品。与《欧塞尔夫人》（约公元前 620 年）一样，这尊尖头束腰的雕像属于“献祭风格”。这件作品的名字来自神话中的工匠和发明家代达罗斯，他的雕塑非常逼真，据传，“要用链子锁住以防它们逃跑”（柏拉图，《美诺篇》，第 97 节）。

然而，雕塑人物的动作仍然只是被勾勒出来，以抬起手臂或向前伸腿的形式为主。直到公元前 6 世纪，古风时期的雕塑日臻成熟，动作才挣脱出此前的范例。按照惯例，年轻男女大多呈现为裸体，有些则穿着佩普罗斯，与前一时期的解剖学般的严谨性相比，显示出一种进步。几乎所有人物都迷人地噘着嘴，显露出“古风式的微笑”。这种活力与高贵相结合的表达方式在古风时期的艺术杰作之一《穿着佩普罗斯的科拉》（约公元前 535 年）中体现得尤为明显。

在一个世纪的跨度里，青年男子雕像经历了从库罗斯到埃菲比的演变。库罗斯受古埃及雕像的影响，姿势庄严呆板（双臂下垂，拳头紧握，一只脚前伸），尺寸超出真人；而埃菲比则逐渐放弃这种正面形象和僵硬形态。比如公元前 590 年左右的克利奥比斯和比顿双生子雕像，根据希罗多德的说法，他们搭上了他们的母亲——赫拉的女祭司的战车，带领赫拉前往圣殿。对于这一高尚之举，赫拉以温和的死亡来奖励他们。这一行动的力量和高贵体现在作品的宏大和超人的性格中，赋予其美感。

但美学逐渐演变为与身体和谐运动之美联系在一起。古风时期的雕像不会尝试模仿动作。可追溯到公元前 6 世纪上半叶的《荷犊者像》（*Moscophore*）描绘了一位供奉者，肩上扛着一只小牛犊，左腿微微前伸，仿佛在行走；还有著名的《让柏的骑士》（*Cavalier Rampin*），他轻轻歪着头。《让柏的骑士》发现于雅典卫城，此人身份究竟是狄俄斯库里兄弟其中之一（宙斯之子）还是雅典贵族，我们不得而知。

用石头记录的愿望在神庙的三角楣中找到了理想的支撑。神话人物的大小和位置按照完全占据这个严格划定的三角形空间绘制。有时会加入适合于角落的图案，例如，蛇尾怪物或倒地的战士。在这些三角楣上，雕刻家描绘出了希腊人迄今为止只停留在想象中的故事：珀尔修斯和美杜莎的故事、特洛伊战争、奥林匹斯诸神或赫拉克勒斯等英雄。

正如荷马史诗象征着文学史的曙光并且孕育了后来希腊文学的萌芽一样，古希腊的雕塑艺术以其光辉和力量宣告了雕塑在下个世纪的完美定位。正如我们将《伊利亚特》和《奥德赛》视为文学丰碑，我们也不应仅将古希腊艺术视为探索阶段的试验品。恰恰相反，这一时期所有作品的原创性和丰富性都值得被认可。

附　录

插图（左侧） 孩子们练习拳击，米诺斯壁画，锡拉岛（今圣托里尼岛，公元前2000年，现藏于雅典国家考古博物馆）。

希腊——从青铜时代到古风时期

奈斯托河
特律蒙河
拜占庭
迦克墩
阿斯塔科斯
佩林索斯
普罗波恩蒂斯河
普罗克纳苏斯岛
库济库斯
马罗尼亚
阿布德拉
阿伊诺斯
安菲波利斯
萨索斯
萨索斯岛
阿波罗尼亚
斯塔基拉
萨莫色雷斯
萨莫色雷斯岛
赫勒斯滂河
色雷斯切索尼斯
塞斯托斯
兰普萨库斯
阿比多斯
达达诺斯
伊姆布罗斯
伊姆布罗斯岛
哈尔基季基半岛
奥林索斯
托洛尼
芒德
利姆诺斯岛
利姆诺斯
伊里昂（特洛伊）
阿索斯
密希
尼西亚
爱琴海
莱斯沃斯岛
米蒂利尼
帕加马
皮坦尼
吕底亚
弗里吉亚
佩帕雷索斯
斯基罗斯
斯基罗斯岛
福西亚
赫穆斯河
梅尼西亚
士麦那
希俄斯岛
希俄斯
厄里特赖
克拉佐美尼
泰奥斯
科罗封
勒贝杜斯
以弗所
曼德列斯河
埃维亚岛
哈尔基斯
勒夫坎第
埃雷特里亚
维奥提亚
底比斯
阿提卡
拉提亚
墨伽拉
厄琉息斯
雅典
埃伊纳岛
安德罗斯
安德罗斯岛
提诺斯岛
萨摩斯
萨摩斯岛
伊卡利亚岛
普里埃内
迈昂特
米利都
卡里亚
苏尼翁
科斯岛
锡罗斯岛
米克诺斯岛
提洛岛
基斯诺斯岛
阿尔戈利斯
帕罗斯岛
帕罗斯
纳克索斯岛
纳克索斯
塞里福斯岛
卡林诺斯岛
哈利卡纳苏斯
科斯
科斯岛
锡弗诺斯岛
阿莫尔戈斯岛
尼多斯
米洛斯
伊奥斯岛
尼西罗斯岛
罗得岛
米洛斯岛
阿斯蒂帕利亚岛
蒂洛斯岛
罗得岛
林多斯
锡拉
锡拉岛
科尼亚
西拉岛
卡尔帕索斯岛
干尼亚
克诺索斯
马利亚
希巴利
克里特岛
帕奇亚莫斯
帕莱卡斯特罗
扎克罗斯
阿基亚·特里亚达
费斯托斯

对照年表：希腊、埃及与近东、其他文明

希腊：从青铜时代到古风时期

公元前 3000 年—公元前 2000 年

青铜时代早期

- 基克拉迪文化
- 米诺斯宫廷时期
- 印欧民族的到来

文化成就：

- 基克拉迪大理石神像
- 青铜的使用范围
- 印欧神祇的传入

公元前 2000 年—公元前 1600 年

青铜时代中期

- 第一座克里特岛宫殿（公元前 1900 年）
- 与近东地区的往来
- 第一座克里特岛宫殿的损毁（公元前 1700 年）

文化成就：

- 用线形文字 A 书写（公元前 1800 年）
- 迈锡尼圆形墓圈 B（公元前 1700 年）

公元前 1600 年—公元前 1200 年

青铜时代晚期

- 迈锡尼王国
- 米诺斯文明的终结（公元前 1450 年）
- 迈锡尼文明的终结（公元前 1200 年）

文化成就：

- 迈锡尼圆形墓圈 A（公元前 1600 年）
- 圆顶墓
- 用线形文字 B 书写（公元前 1450 年）

公元前 1200 年—公元前 750 年

黑暗时代

- 新据点的建立
- 以家庭为单位的社群
- “巴赛勒斯”政府

文化成就：

- 铁器的使用和工艺的发展
- 第一批神庙的建造
- 第一届奥林匹克运动会（公元前 776 年）

埃及与近东

公元前 3100 年—公元前 2200 年

青铜时代早期

- 上埃及和下埃及的统一
- 近东第一批设防城市
- 腓尼基城市的加固

文化成就：

- 轮子和犁的发明
- 象形文字和楔形文字
- 胡夫金字塔

公元前 2200 年—公元前 1700 年

美索不达米亚和中王国

- 苏美尔文明的发展
- 腓尼基人在地中海的贸易
- 喜克索斯人征服埃及北部

文化成就：

- 汉谟拉比法典
- 吉尔伽美什史诗
- 在埃及引入战车

公元前 1700 年—公元前 1200 年

赫梯帝国和中王国

- 赫梯帝国入侵安纳托利亚
- 特洛伊的巅峰
- 海上民族的袭击（公元前 1200 年）
- 伟大的法老时期

文化成就：

- 建造卡纳克神庙和卢克索神庙
- 帝王谷陵墓（埃及）

公元前 1200 年—公元前 900 年

文明爆发

- 小亚细亚的亚述第一帝国
- 以色列和犹太王国的形成
- 拉美西斯三世统治时期

文化成就：

- 腓尼基字母在叙利亚的发展
- 所罗门建造的耶路撒冷圣殿
- 帝王谷遭洗劫

其他文明

公元前 3000 年—公元前 2000 年

- **欧洲**：多瑙河文化
- 巨石阵形成最终形态
- **亚洲**：哈拉帕文明
- **美洲**：中美洲文明的开端

公元前 2000 年—公元前 1700 年

- **欧洲**：青铜的传播
- **亚洲**：中国第一批城市建立
- **美洲**：“双手交叉”神庙，由科托什人在瓦努科（秘鲁）建造
- 建造佛罗里达圣殿（秘鲁）

公元前 1700 年—公元前 1200 年

- **欧洲**：骨灰瓮文化
- 巴利阿里群岛和塞尔达尼亚巨石建筑的起源
- **亚洲**：中国青铜业的发展
- 定居在印度北部的雅利安人对印度河流域文明的破坏
- **大洋洲**：美拉尼西亚定居者抵达斐济，然后抵达波利尼西亚

公元前 1200 年—公元前 800 年

- **欧洲**：冶铁业的发展
- 伊特鲁里亚城邦
- 哈尔施塔特文化
- **亚洲**：在中国，周朝灭商
- **美洲**：奥尔梅克文明的开端
- 安第斯文明
- **非洲**：腓尼基人建立迦太基

公元前 750 年—公元前 700 年

几何时代后期

- 城邦的形成
- 殖民的开始
- 利兰丁战争和第一次美赛尼亚战争

文化成就：

- 腓尼基字母的使用与演化
- 荷马的《伊利亚特》和《奥德赛》赫西俄德的《神谱》和《工作与时日》

公元前 700 年—公元前 600 年

僭主政治的开端

- 重装步兵战斗模式出现
- 第一批僭主
- 密集的殖民化
- 德拉古法典

文化成就：

- 黑绘陶器的开发
- 建筑和雕塑的发展
- 抒情诗的开端

公元前 600 年—公元前 500 年

僭主政治的终结

- 梭伦改革
- 庇西特拉图及其两子在雅典的僭主政治
- 在斯巴达的帮助下雅典僭主政治倒台

文化成就：

- 货币出现
- 红绘陶器的开发
- 哲学的发展
- 古希腊露天剧场的发展

公元前 900 年—公元前 664 年

权力分配的变化

- 萨尔贡二世统治时期，亚述帝国达到巅峰
- 辛那赫里布毁灭巴比伦，征服整个西亚
- 努比亚人统治埃及（公元前 728 年—公元前 664 年）

文化成就：

- 木乃伊制作方法的进步

公元前 668 年—公元前 627 年

亚述巴尼拔王国

- 亚述人进攻巴比伦
- 亚述巴尼拔征服埃及，将埃及一分为二（上埃及和下埃及）

文化成就：

- 尼尼微图书馆
- 简化文字在埃及的传播，即世俗体文字

公元前 630 年—公元前 539 年

新巴比伦帝国

- 尼布甲尼撒二世统治时期
- 尼布甲尼撒二世逝世后，波斯国王居鲁士征服巴比伦
- 建立瑙克拉提斯，埃及唯一的希腊殖民地

文化成就：

- 巴比伦空中花园
- 琐罗亚斯德教的起源

公元前 800 年—公元前 700 年

- **欧洲**：罗马建城
- **亚洲**：恒河流域的城市文化
  - 中国周朝灭亡；春秋时期开始
- **非洲**：撒哈拉以南开始炼铁

公元前 700 年—公元前 600 年

- **欧洲**：斯基泰人从中亚游荡到东欧
- 凯尔特文化的发展
- **亚洲**：中国开始炼铁
- 道教创始人老子诞生
- **美洲**：帕拉卡斯文化（秘鲁）
- 北美东南部农耕村落诞生

公元前 650 年—公元前 600 年

- **欧洲**：伊特鲁里亚文字
- 罗马共和国建立
- **亚洲**：佛教创始人释迦牟尼出生
- 孔子出生
- 中国的冶铁业
- **美洲**：中美洲萨波特克人的象形文字

NATIONAL GEOGRAPHIC

图书在版编目（CIP）数据

希腊的起源 / 美国国家地理学会编著；潘垣铮译. -- 北京：现代出版社, 2023.3
（美国国家地理全球史）
ISBN 978-7-5231-0052-3

Ⅰ. ①希… Ⅱ. ①美… ②潘… Ⅲ. ①古希腊 - 历史 Ⅳ. ①K125

中国版本图书馆CIP数据核字（2022）第224253号

版权登记号：01-2022-2699

由北京久久梦城文化发展有限公司代理引进

希腊的起源（美国国家地理全球史）

编 著 者：美国国家地理学会
译　　者：潘垣铮
策划编辑：吴良柱
责任编辑：张　霆　张　瑾
内文排版：北京锦创佳业文化传播有限公司
出版发行：现代出版社
通信地址：北京市安定门外安华里504 号
邮政编码：100011
电　　话：010-64267325　64245264（兼传真）
网　　址：www.1980xd.com
印　　刷：固安兰星球彩色印刷有限公司

开　　本：710mm*1000mm 1/16
印　　张：14.25　　字　　数：218千
版　　次：2023年3月第1版　　印　　次：2023年3月第1次印刷
书　　号：ISBN 978-7-5231-0052-3
定　　价：88.00元